Englische Grammatik

Cornelsen

Englische Grammatik

Von Susanne Self

Beratende Mitwirkung:
Dr. Hansjörg Frommer, Inge-Anna Koleff, Sabine Rosenfeld, Jacqueline Sword und Dr. Erich Zehnder

Umschlaggestaltung: hawemannundmosch, bureau für gestaltung, berlin
Layout und technische Umsetzung: Stephan Hilleckenbach, Berlin
Illustrationen: Laurent Lalo

www.cornelsen.de

1. Auflage, 1. Druck 2006

Druck: Clausen & Bosse, Leck

ISBN-13: 978-3-589-22224-7
ISBN-10: 3-589-22224-7

Inhalt gedruckt auf säurefreiem Papier,
umweltschonend hergestellt aus chlorfrei gebleichten Faserstofen.

Vorwort

Die **Englische Grammatik** ist ein praktisches Handbuch für alle, die die englische Sprache erlernen und ihre Grammatikkenntnisse verbessern wollen. Sie bietet gründliches Orientierungswissen und ist ideal sowohl zum Nachschlagen und Wiederholen zu Hause als auch kursbegleitend im Unterricht.

Die **Englische Grammatik** gibt einen Überblick über die grundlegenden grammatischen Erscheinungen der englischen Sprache heute. Dabei werden die Strukturen und Regeln, die für die Kommunikation bis zur Niveaustufe B1 des Gemeinsamen europäischen Referenzrahmens vorausgesetzt werden, in leicht verständlicher Sprache erläutert. Die verwendeten grammatischen Begriffe und Kategorien werden immer dort, wo sie eingeführt werden, definiert und erklärt. Die zahlreichen und anschaulichen Beispielsätze helfen, die grammatischen Phänomene und Regeln gut zu erfassen.

Zum schnellen Nachschlagen gibt es am Schluss des Buches die wichtigsten grammatischen Themen in einem alphabetischen Stichwortregister.

Verlag und Autorin wünschen viel Spaß und Erfolg beim Arbeiten mit der **Englischen Grammatik.**

Einführung		**8**
1	Grundsätzliches	8
2	Grammatische Bezeichnungen	9
3	Subjekt und Verb	9
4	Direktes Objekt	10
5	Indirektes Objekt	10
6	Adverbiale Bestimmungen	10
Kleine Grammatik der englischen Verben		**11**
1	Das Verb	11
2	Die Verbarten	12
3	Die Verbformen	13
Zeitformen		**15**
1	*Present simple*: Aussage	16
2	*Present simple*: Verneinung, Frage und verneinte Frage	18
3	*Present simple*: Gebrauch	18
4	*Present continuous*: Bildung	19
5	*Present continuous*: Gebrauch	21
6	*Present simple* und *present continuous* im Vergleich	22
7	Verben, die nicht in der Verlaufsform verwendet werden	23
8	*Past simple*: Aussage	25
9	*Past simple*: Verneinung, Frage und verneinte Frage	28
10	*Past simple*: Gebrauch	29
11	*Present perfect simple*	30
12	*Past continuous*	35
13	*Present perfect continuous*	38
14	*Past perfect simple*	40
15	Übersicht über die Zeitformen der Gegenwart und Vergangenheit	42
16	Zukunft mit *will*	43
17	Zukunft mit *be going to*	45
18	*Future continuous*	47
19	*Future perfect*	48
20	Übersicht über die Formen zur Wiedergabe der Zukunft	49
21	Modalverben	50

22 Das Passiv 66
23 Der Infinitiv nach bestimmten Verben 72
24 Die *-ing*-Form 75
25 Gerundium 77
26 *Phrasal verbs* 81

Nomen und Artikel 83

1 Grundsätzliches 83
2 Plural der Nomen 84
3 Mengenangaben mit *of* 86
4 *s*-Genitiv und *of*-Fügung 87
5 Artikel 89

Adjektive 94

1 Grundsätzliches 94
2 Stellung und Form der Adjektive 94
3 Steigerung der Adjektive 95

Pronomen und Possessivbegleiter 99

1 Grundsätzliches 99
2 Personalpronomen 100
3 Possessivbegleiter und Possessivpronomen 106
4 *This/that, these/those* 109
5 *One/ones* 110

Mengenbezeichnungen 111

1 Grundsätzliches 111
2 *Some/any* und Zusammensetzungen 112
3 *No* und Zusammensetzungen mit *no* 115
4 *A lot (of) / lots of / much/many* 116
5 *Every/each* und Zusammensetzungen mit *every* 118
6 *All* 118
7 *Both / (not ...) either / neither/none* 119

Adverbien und adverbiale Bestimmungen 120

1 Grundsätzliches ... 120
2 Verschiedene Arten von Adverbien ... 121
3 Formen der Adverbien ... 123
4 Verschiedene Arten von adverbialen Bestimmungen ... 127
5 Stellung der adverbialen Bestimmungen und Adverbien ... 128

Fragewörter 132

1 Grundsätzliches ... 132
2 Verschiedene Fragewörter ... 132

Konjunktionen 136

1 Grundsätzliches ... 136
2 Übersicht über die wichtigsten Konjunktionen ... 136

Präpositionen 140

1 Grundsätzliches ... 140
2 Präpositionen der Zeit ... 141
3 Präpositionen des Ortes und der Richtung ... 145
4 Sonstige Präpositionen ... 150

Der Satz 153

1 Satzarten ... 153
2 Aussagesätze ... 154
3 Fragesätze ... 155
4 Aufforderungssätze ... 158

Satzgefüge 159

1 Relativsätze ... 159
2 Die Relativpronomen *who/which/that* ... 160
3 Notwendige und nichtnotwendige Relativsätze ... 160
4 *Who/which/that* im notwendigen Relativsatz ... 161

5 Weitere Relativpronomen ... 162
6 Relativsätze und *contact clauses* mit Präpositionen ... 163
7 Indirekte Rede ... 165
8 Indirekte Rede in der Gegenwart ... 166
9 Indirekte Rede in der Vergangenheit ... 168
10 Bedingungssätze ... 173
11 *If*-Sätze Typ 1: realistische Bedingungen ... 175
12 *If*-Sätze Typ 2: unrealistische Bedingungen ... 176
13 *If*-Sätze Typ 3: unmögliche Bedingungen ... 177
14 *Unless* ... 178

Kurzsätze 178

1 Kurzantworten mit *yes* und *no* ... 178
2 *Question tags* ... 180
3 Kurzsätze des Vergleichs mit *so/nor/neither/ not ... either / too* ... 181
4 Andere Kurzsätze des Vergleichs ... 182

Anhang 185

1 Aussprache und Intonation ... 185
2 Das englische Alphabet ... 188
3 Zahlen ... 188
4 Gewichte und Maße ... 191
5 Britisches und amerikanisches Englisch ... 192
6 Unregelmäßige Verben ... 195

Stichwortregister 199

Einführung

1 Grundsätzliches

Jede Sprache besteht aus einzelnen Wörtern (*words*):

Helen speak German French is and little a she this

Wenn diese richtig angeordnet werden, ergeben sich Sätze (*sentences*):

This is Helen. She speaks German and a little French.
Dies ist Helen. Sie spricht Deutsch und ein wenig Französisch.

Korrekt gebaute Sätze folgen bestimmten Regelmäßigkeiten. Im obigen Beispiel heißt es **is** (ist) und nicht **are** (bist/sind) oder **am** (bin), und der zweite Satz beginnt mit **she** (sie) und nicht mit **he** (er), und **speaks** (spricht) steht an zweiter Stelle.

Mehrere Sätze zusammen ergeben einen Text. Auch er folgt bestimmten Regelmäßigkeiten. Der zweite Satz aus unserem Beispiel muss mit **she** (sie) beginnen, weil wieder von Helen (einer Frau) die Rede ist und nicht von einem Mann.

Grammatikregeln beschreiben diese Regelmäßigkeiten und erleichtern uns das Lernen einer Sprache. Sie zeigen formale Gemeinsamkeiten und Kategorien auf, nach denen die Vielfalt der Wörter und Sätze geordnet werden kann.

Natürlich können Sie auch zusammenhängend sprechen, indem Sie die Wörter wahllos aneinander reihen. Sie werden vielleicht sogar verstanden, vor allem wenn Sie auch noch die Hände gebrauchen und sich die zuhörende Person die Situation vorstellen kann. Missverständnisse sind jedoch häufig.

2 Grammatische Bezeichnungen

Die Grammatik beschreibt den Aufbau einer Sprache. Sie besteht aus verschiedenen Teilen, für die es bestimmte Ausdrücke gibt, die grammatischen Bezeichnungen. Für die meisten englischen grammatischen Bezeichnungen gibt es deutsche Entsprechungen, die bei den Grammatikerklärungen in diesem Buch verwendet werden. Wenn es keine deutsche Bezeichnung gibt, wird die englische Bezeichnung verwendet, wie zum Beispiel bei den meisten englischen Zeiten (z.B. *present simple, present continuous*). Grammatische Bezeichnungen werden in diesem Buch laufend erklärt; es gibt aber einige wichtige, die Sie von Anfang an kennen sollten. Dies sind die Bezeichnungen für die verschiedenen Bestandteile eines Satzes.

3 Subjekt und Verb

Ein Satz ist eine Gruppe von Wörtern und besteht mindestens aus Subjekt (*subject*) und Verb (*verb*).

Subject	*Verb*	
Anne	smokes.	Anne raucht.
The children	play.	Die Kinder spielen.
The sun	shines.	Die Sonne scheint.

Das Subjekt ist das Thema (oft eine Person oder Sache), über das der Satz in Verbindung mit anderen Satzteilen etwas aussagt. Nach dem Subjekt wird mit „Wer oder was?“ gefragt. Das Verb drückt oft eine Tätigkeit aus.

Zu Subjekt und Verb können noch weitere Elemente oder Ergänzungen hinzukommen:

The woman drank **a cup of tea**. Die Frau trank eine Tasse Tee.	Direktes Objekt (*direct object*)
Sarah offered **Anne** a cup of coffee. Sarah bot Anne eine Tasse Tee an.	Indirektes Objekt (*indirect object*)
We were **in London last year**. Letztes Jahr waren wir in London.	Adverbiale Bestimmungen (*adverbials*)
I am **German**. Ich bin Deutscher.	Ergänzung zum Subjekt (*subject complement*)

⚠ Anders als das Deutsche hat das Englische eine feste Wortstellung:

My parents live in Austria.	Meine Eltern leben in Österreich. / In Österreich leben meine Eltern.
My father is 60 years old.	Mein Vater ist 60 Jahre alt. / 60 Jahre ist mein Vater alt.

In Aussagesätzen gilt im Englischen die Reihenfolge:
Subjekt – Verb – weitere Ergänzungen.
(► S 12 *f.*, S 154 *f.*)

4 Direktes Objekt

Das direkte Objekt (*direct object*) kann z.B. eine Person oder eine Sache sein. Nach dem direkten Objekt wird mit „Wen oder was?“ gefragt.

Subject	*Verb*	*Direct object*	
Henry	smokes	a pipe.	Henry raucht eine Pfeife.
Lorna	phones	Susan.	Lorna ruft Susan an.

5 Indirektes Objekt

Das indirekte Objekt (*indirect object*) bezeichnet meistens eine Person. Nach dem indirekten Objekt wird mit „Wem?“ gefragt.

Subject	*Verb*	*Indirect object*	*Direct object*
The teacher	gives	Susan	the cassette.
Der Lehrer gibt Susan die Kassette.			
She	asks	her neighbour	a question.
Sie fragt ihren Nachbarn.			

6 Adverbiale Bestimmungen

Adverbiale Bestimmungen (auch: Umstandsbestimmungen; *adverbials*) machen Angaben zu den Umständen eines Sachverhalts, z.B. zum Ort (Wo?), zur Richtung oder zum Ziel (Wohin?), zur Zeit (Wann?), zur Häufigkeit (Wie oft?) oder zur Art und Weise (Wie?). (► S. 154 *f.*, S. 127, S. 128 *ff.*)

Subject	*Verb*	*Adverbial*	
The Parkers	live	in London.	(Where?)
Die Parkers wohnen (leben) in London.			
The children	go	to the zoo.	(Where?)
Die Kinder gehen in den Zoo.			
They	leave	at 8 o'clock.	(When?)
Sie gehen (fahren) um acht Uhr.			
Romeo	goes swimming	twice a week.	(How often?)
Romeo geht zweimal die Woche schwimmen.			
He	answered	with a smile.	(How?)
Er antwortete mit einem Lächeln.			

Kleine Grammatik der englischen Verben

1 Das Verb

1 Grundsätzliches

I **get up** at 8.oo.
Ich stehe um acht Uhr auf.
Helen **speaks** German.
Helen spricht Deutsch.
There **are** two newspapers on the table.
Auf dem Tisch liegen zwei Zeitungen
She **lives** in London.
Sie wohnt in London.
It **rains** a lot in April.
Es regnet viel im April.
Columbus **discovered** America.
Kolumbus entdeckte Amerika.

Alle orange eingefärbten Wörter sind Verben (*verbs*). Verben (auch: Tunwörter, Tätigkeitswörter, Zeitwörter) beschreiben eine Handlung, eine Tätigkeit, einen Zustand oder ein Ereignis.

2 Die Verbarten

1 Vollverben *(main verbs)*

Vollverben (z.B. live, speak, get up) können allein, d.h. ohne ein weiteres Verb in einem Satz verwendet werden.

We **live** in Hamburg.	Wir wohnen (leben) in Hamburg.
I **speak** English.	Ich spreche Englisch.
Tom **gets up** at 6 o'clock.	Tom steht um sechs Uhr auf.

2 Hilfsverben *(auxiliaries)*

Hilfsverben werden zusammen mit einem Vollverb verwendet. Die Hilfsverben be, do und have können jedoch auch allein stehen und werden dann als Vollverben gebraucht.

It **is raining**.	Es regnet.
It **is** 7 o'clock.	Es ist sieben Uhr.
My husband **does** not **help**.	Mein Mann hilft mir nicht.
I **do** the dishes.	Ich mache den Abwasch.
We **have sold** our old car.	Wir haben unser Auto verkauft.
We **have** a new car.	Wir haben ein neues Auto.

Das Hilfsverb do wird gebraucht um Frage und Verneinung zu bilden, z.B.:

Do you speak English?	Sprechen Sie Englisch?
Did you see Julia Robert's new film?	Hast du den neuen Film mit Julia Roberts gesehen?
He **does**n't like big cities.	Er mag keine Großstädte.
He **did**n't read the newspaper yesterday.	Er hat gestern nicht die Zeitung gelesen.

Die Hilfsverben be und have dienen zur Bildung der zusammengesetzten Zeitformen des Vollverbs, z.B.:

I am learning English.	*Present continuous*	Ich lerne Englisch.
It was raining.	*Past continuous*	Es war am regnen.
She has not arrived.	*Present perfect simple*	Sie ist nicht da.
They had eaten the cake.	*Past perfect simple*	Sie hatten den Kuchen gegessen.

3 Modalverben (auch: modale Hilfsverben; *modal verbs*)

Modalverben stehen mit einem Vollverb (= Hauptverb). Modalverben drücken aus, dass etwas geschehen kann, muss, sollte, würde etc.

Helen **can** speak French and German.	Helen spricht Französisch und Deutsch.
You **must** see our new house.	Sie müssen sich unser neues Haus anschauen.
He **should** see a doctor.	Er sollte einen Arzt konsultieren.
I **would** do it.	Ich würde es tun.

3 Die Verbformen

1 Infinitiv

Der Infinitiv (auch: Grundform; *infinitive*) ist die Form der Verben, die nicht an eine Person gebunden ist. Im Englischen ist die Infinitivform nicht an der Endung zu erkennen.

work	arbeiten
go	gehen, fahren
speak	sprechen
have	haben
be	sein
do	tun, machen

Beachten Sie bitte: Im Wörterbuch stehen die Verben in der Infinitivform. In manchen Wörterbüchern steht vor dem Verb das Wort to als Hinweis, dass das Verb in der Infinitivform steht, also z.B. to be (sein) oder to work (arbeiten). Der Infinitiv steht als einziges Verb im Satz oder zusammen mit anderen Verben:

Listen. **Read** the text.	Hör zu! Lies den Text.
I want to **read** English books.	Ich möchte englische Bücher lesen.
My husband doesn't **smoke**.	Mein Mann raucht nicht.
Can you **spell** your name?	Können Sie Ihren Namen buchstabieren?
Do you **speak** English?	Sprichst du Englisch?
I hope to **see** you soon.	Hoffentlich sehe ich dich bald wieder.

Wenn der Infinitiv auf ein anderes Verb folgt, wird er mit oder ohne to verwendet. Dies ist jeweils von dem vorangehenden Verb abhängig. Nach Modalverben (z.B. can) steht immer der Infinitiv ohne to, nach Verben wie want, hope etc. steht der Infinitiv mit to.

2 Personen

Man unterscheidet drei Personenformen (*persons*). Die 1. Person bezieht sich auf den Sprecher, die 2. Person wird für die direkte Anrede verwendet und in der 3. Person spricht man über andere Personen oder Dinge. Je nach Anzahl der Personen oder Dinge, über die der Satz etwas aussagt, unterscheidet man Singular (auch: Einzahl; *singular*) und Plural (auch: Mehrzahl; *plural*).

	Singular	*Plural*
1st Person	I (ich)	we (wir)
2nd Person	you (du/Sie)	you (ihr/Sie)
3rd Person	he/she/it (er/sie/es)	they (sie)

Die verschiedenen Personen stehen zusammen mit einem Verb:

I sing	we sing
you sing	you sing
he sings / she sings / it sings	they sing

Im Englischen bekommt die 3. Person Singular fast aller Verben in der Zeitform der Gegenwart (*present simple*) ein -s.

3 Regelmäßige und unregelmäßige Verben

Die englischen Vollverben werden in regelmäßige und unregelmäßige Verben (*regular/irregular verbs*) eingeteilt.

Infinitive	*Past simple*	*Past participle*
drink	drank	drunk
eat	ate	eaten
go	went	gone
have	had	had

Diese drei Formen reichen zur Bildung der englischen Zeiten aus, z.B.:

I **drink** (ich trinke) / he **eats** (er isst)	*Present simple* (= *infinitive* / *infinitive* + s)
I **drank** (ich trank) / he **ate** (er aß)	*Past simple*
I have **drunk** (ich habe getrunken) / he **has eaten** (er hat gegessen)	*Present perfect simple* (= have/has + *past participle*)

Aus dem Infinitiv (*infinitive*) wird z.B. die Zeitform der Gegenwart (*present simple*) abgeleitet. Das *past simple* ist die Zeitform, die im Deutschen der Vergangenheit entspricht, und das *past participle* (Partizip Perfekt; auch: Mittelwort der Vergangenheit) wird zur Bildung zusammengesetzter Zeitformen verwendet, z.B. *present perfect simple*.

Eine Liste der unregelmäßigen Verben finden Sie auf Seite 195.

Im Gegensatz zu den unregelmäßigen Verben bilden die regelmäßigen Verben *past simple* und *past participle* auf die gleiche Weise:

Infinitive	*Past simple*	*Past participle*
work (arbeiten)	worked (arbeitete)	worked (gearbeitet)
help (helfen)	helped (half)	helped (geholfen)

Zur Bildung von *past simple* und *past participle* wird an die Infinitivform -ed angehängt. Dies bedeutet, dass die verschiedenen Zeitformen der regelmäßigen Verben sich alle aus der Infinitivform ableiten lassen, z.B.:

I worked / he helped ich arbeitetet / er half	*Past simple* (= *infinitive* + -ed)
I have worked / he has helped ich habe gearbeitet / er hat geholfen	*Present perfect simple* (= have/has + *infinitive* + -ed)

Zu Besonderheiten der Aussprache und Schreibung der -ed-Formen siehe Seite 26.

Zeitformen

Verben beschreiben Handlungen, Zustände oder Ereignisse der Gegenwart (*present*), der Vergangenheit (*past*) und der Zukunft (*future*). Diese grammatischen Zeitformen nennt man *tenses*.

Im Englischen werden zwei Zeitformen ohne Hilfsverb (*auxiliary*) gebildet:

Present simple	I work / he works	ich arbeite / er arbeitet
Past simple	I worked	ich arbeitete

Alle anderen Zeitformen brauchen ein Hilfsverb und werden als „zusammengesetzte Zeiten/Zeitformen" bezeichnet.

1 Present simple: Aussage

1 Bildung

Für die Bildung des *present simple* (Präsens; auch: Gegenwart) wird die Infinitivform verwendet. Nur in der 3. Person Singular (he/she/it) wird ein -s an die Infinitivform angehängt.

I We You They	speak understand	French. Spanish.
He She It	drinks likes	milk. tea.

Beachten Sie bitte die Formen von be und die Form der Modalverben in der 3. Person Singular:

I **am** from Ireland and my husband is from Wales.
Ich komme aus Irland, und mein Mann ist aus Wales.
My parents **are** Scottish.
Meine Eltern sind Schotten.
He **can** speak Welsh.
Er spricht walisisch.
My daughter **will** move to Austria next year.
Meine Tochter wird nächstes Jahr nach Österreich ziehen.

Be hat in allen Personen Sonderformen.
Modalverben wie can, could, will etc. bleiben in allen Personen unverändert.

2 Besonderheiten bei der Schreibung der 3. Person Singular *(he/she/it)*

1. Endet der Infinitiv auf -s, -sh, -ch oder -x, also auf einen Zischlaut, wird -es angehängt, z.B. bei miss, finish, watch, mix etc.

Marcus **misses** his mum.	Marcus vermisst seine Mami.
He **finishes** work at four o'clock.	Er hat um vier Uhr Feierabend.
Susan **watches** TV in the evening.	Abends sieht Susan fern.
The bartender **mixes** drinks.	Der Barkeeper mixt Drinks.

2. Endet ein Verb auf Konsonant + y, wird -y zu -ie-, z.B. bei **fly, try, carry** etc.

Mr Willis **flies** to Washington.	Herr Willis fliegt nach Washington.
Rosemary **tries** to find a better job.	Rosemary versucht, eine bessere Arbeit zu finden.
He **carries** his suitcase.	Er trägt seinen Koffer.

Beachten Sie bitte, dass Verben, die auf Vokal + y enden, unverändert bleiben:

She **plays** tennis.	Sie spielt Tennis.
She **buys** a new tennis racket.	Sie kauft sich einen neuen Tennisschläger.

3. Einige Verben haben Sonderformen, z.B. **go, do, have.**

She **goes** to work	Sie geht zur Arbeit.
He **does** the housework.	Er erledigt die Hausarbeit.
Mr Roberts **has** a nice house.	Herr Roberts hat ein hübsches Haus.

3 Aussprache der 3. Person Singular

Die Aussprache der -s-Endung richtet sich nach dem vorangehenden Laut. Die -s-Endung wird auf drei verschiedene Arten ausgesprochen:

1. Nach stimmlosen Lauten spricht man wie im Deutschen [s].

it sleeps [slɪːps]	she speaks [spɪːks]
he waits [weɪts]	he laughs [laːfs]

2. Anders als im Deutschen spricht man nach allen stimmhaften Lauten [z].

it flies [flaɪz]	he plays [pleɪz]
it has [hæz]	she wears [weəz]
she reads [rɪːdz]	he listens [lɪsnz]
she loves [lʌvz]	it feels [fɪːlz]

Beachten Sie bitte die Aussprache von **he/she/it says** [sez] und **he/she/it does** [dʌz].

3. Nach Zischlauten muss man [ɪz] sprechen, damit man die Endung hören kann.

he misses ['mɪsɪz]	she uses ['jʊːzɪz]
it finishes ['fɪnɪʃɪz]	she manages ['mænɪʤɪz]

2 *Present simple*: Verneinung, Frage und verneinte Frage

Verneinung und Frage im *present simple* werden mit dem Hilfsverb **do** bzw. – in der 3. Person – **does** und dem Infinitiv des Vollverbs gebildet.

I **smoke**, but I **do not drink**.	Ich rauche, aber ich trinke nicht.
John **doesn't like** ice hockey.	John kann Eishockey nicht leiden.
What **do** you **do** in your free time?	Was macht ihr in eurer Freizeit?
Don't you **play** tennis?	Spielen Sie nicht Tennis?
Does your daughter **live** in Switzerland?	Wohnt eure Tochter in der Schweiz?

1 Verneinung

I We You They	don't do not	wear glasses. go to school.
He She It	doesn't does not	eat meat. drink beer.

2 Frage und verneinte Frage

Do Don't	I we you they	ride a bicycle? speak English? have a nice flat? do the shopping?
Does Doesn't	he she it	sleep on the sofa? fly?

3 *Present simple*: Gebrauch

Mit dem Gebrauch des *present simple* will der Sprecher etwas als Tatsache oder Gewohnheit darstellen.

Elvira works in a restaurant.
Elvira arbeitet in einem Restaurant.
She drives a pink Cadillac.
Sie fährt einen rosa Cadillac.

She lives in New Mexico.
Sie lebt in Neu-Mexiko.
I like ice cream.
Ich mag Eiscreme.
New Mexico lies in the south-west of the United States.
Neu-Mexiko liegt im Südwesten der USA.
The Cadbury company makes chocolate.
Die Firma Cadbury stellt Schokolade her.
Angela is 40 years old.
Angela ist vierzig Jahre alt.

Das *present simple* steht oft mit Zeitangaben, die eine Häufigkeit oder Regelmäßigkeit ausdrücken.

I visit my grandparents **every summer**.
Ich besuche meine Großeltern jeden Sommer.
We go to Scotland **once or twice a year**.
Ein- oder zweimal im Jahr fahren wir nach Schottland.
Ian plays tennis on **Friday(s)**.
Freitags spielt Ian Tennis.
Cliff goes to the cinema **at the weekend**.
Am Wochenende geht Cliff ins Kino.
I listen to the radio **in the morning**.
Morgens höre ich Radio.
Cindy **always** walks to work.
Cindy geht immer zu Fuß zur Arbeit.
She **never** takes the bus.
Sie nimmt nie den Bus.

4 *Present continuous*: Bildung

Das *present continuous* (Verlaufsform der Gegenwart) bildet man mit einer Form des Hilfsverbs **be** und der *-ing*-Form des Vollverbs (*-ing-form, present participle*).

Sasha **is cooking** dinner.	Sasha bereitet das Abendessen zu.
Kate is not **helping** him.	Kate hilft ihm nicht.
She **is playing** a computer game.	Sie spielt ein Computerspiel.
What **are** you **doing**?	Was machst du gerade?

1 Aussage und Verneinung

I	'm am	watching TV.	I	'm not am not	ride a bicycle?
He She It	's is	sleeping.	He She It	isn't is not 's not	sleeping.
We You They	're are	working.	We You They	aren't are not 're not	working.

2 Frage und verneinte Frage

Am	I	dreaming?	Aren't	I	dreaming?
Is	he she it	working?	Is	he she it	working?
Are	we you they	reading?	Are	we you they	reading?

3 Schreibung der *-ing*-Form

Beachten Sie bitte folgende Besonderheiten:

come ► we are **coming**
swim ► I am **swimming**
lie ► he is **lying**

Die detaillierten Regeln für die Schreibung der *-ing*-Form finden Sie auf Seite 76.

5 *Present continuous*: Gebrauch

1. Mit dem *present continuous* will der Sprecher ausdrücken, dass etwas jetzt gerade, d.h. im Moment des Sprechens, abläuft und zeitlich begrenzt ist.

   What are you doing at the moment? – I'm cooking dinner.
   Was machst du gerade? – Ich bereite das Abendessen zu.
   My husband is sleeping right now. He can't come to the phone.
   Mein Mann schläft gerade. Er kann nicht ans Telefon kommen.
   Is it raining?
   Regnet es?
   Look! It is snowing.
   Schau! Es schneit.
   We are learning English.
   Wir lernen zur Zeit Englisch.
   We are doing a grammar exercise.
   Wir sind gerade bei einer Grammatikübung.

2. Das *present continuous* beschreibt auch Tätigkeiten und Vorgänge, die gerade in einem größeren gegenwärtigen Zeitraum ablaufen. Die entsprechende Tätigkeit oder der entsprechende Vorgang läuft dann nicht unbedingt im Moment des Sprechens ab, ist aber aus Sicht des Sprechers gerade aktuell.

   I'm reading an interesting book about English grammar.
   Ich lese zur Zeit ein interessantes Buch über englische Grammatik.
   I'm learning French this year.
   In diesem Jahr lerne ich Französich.
   My husband is smoking a lot these days.
   In der letzten Zeit raucht mein Mann viel.
   Paula is working in the evening this week.
   In dieser Woche arbeitet Paula abends. (d.h. normalerweise arbeitet sie zu einer anderen Zeit)
   Phil is playing tennis today.
   Phil spielt heute Tennis. (d.h. normalerweise spielt er an einem anderen Wochentag)

6 *Present simple* und *present continuous* im Vergleich

Mit dem *present simple* beschreibt der Sprecher Gewohnheiten, regelmäßige Tätigkeiten oder Vorgänge und allgemeingültige Tatsachen.

Mit dem *present continuous* beschreibt der Sprecher Tätigkeiten oder Vorgänge, die im Augenblick des Sprechens oder zur Zeit gerade ablaufen und die von begrenzter Dauer sind.

present simple	*present continuous*
The train to London leaves at seven minutes past three. Der Zug nach London fährt um 15.03 Uhr ab.	The train is leaving. We must say goodbye. Der Zug fährt jetzt ab. Wir müssen uns verabschieden.
What do you do? – I'm a teacher. I teach German. Was machen Sie beruflich? – Ich bin Lehrerin. Ich unterrichte Deutsch.	What are you doing? – I'm correcting homework. Was machst du gerade? – Ich korrigiere Hausaufgaben.
IBM makes computers. IBM stellt Computer her.	Patrick is making an apple cake. Patrick backt gerade einen Apfelkuchen.
Becky works for an airline. She is a pilot. Becky arbeitet für eine Fluglinie. Sie ist Pilotin.	She's working in the garden at the moment. Sie ist gerade mit Gartenarbeit beschäftigt.
Shirley speaks French. Shirley spricht Französisch.	She's not speaking French now. She's speaking German. Sie spricht gerade nicht Französisch. Sie spricht Deutsch.
I usually go to the cinema on Friday evening. Normalerweise gehe ich freitags ins Kino.	Today I'm going to a concert. Heute besuche ich ein Konzert.
Brighton lies on the coast. Brighton liegt an der Küste.	Sue is lying on the beach. Sue liegt am Strand.

7 Verben, die nicht in der Verlaufsform verwendet werden

Verben, die keine Tätigkeiten oder Vorgänge beschreiben, stehen normalerweise nicht in der Verlaufsform (*continuous form*). Sie werden meistens nur in der einfachen Zeitform (*simple form*) verwendet.

Zu diesen Verben gehören: Verben der gefühlsmäßigen Einstellung und des Wollens

- love, like, dislike mind, hate, prefer, want, wish

I love you.
Ich liebe dich.
He hates loud music.
Er kann laute Musik nicht ausstehen.

Verben der Sinneswahrnehmung

- see, hear, smell, taste, feel

Those flowers smell wonderful.	Diese Blumen riechen wunderbar.
That soup tastes delicious.	Diese Suppe schmeckt lecker.
The water feels cold.	Das Wasser ist arg kalt.
I can't hear anything.	Ich kann nichts hören.

Verben, die Zustände, Zugehörigkeit, Besitz, Eigenschaften oder Anschein ausdrücken

- be, belong, cost, have (got), look (aussehen), mean (bedeuten), need, seem, sound

How much does this coat cost?
Wieviel kostet dieser Mantel?
What does this word mean in German?
Was heißt dieses Wort auf Deutsch?
She needs money.
Sie braucht Geld.
He seems to be a wealthy man.
Er scheint ein wohlhabender Mann zu sein.

Verben, die eine Meinung, eine Vermutung oder ein Wissen ausdrücken

- **agree, believe, know, remember, see** (verstehen, einsehen), **suppose, think** (meinen, glauben), **think of** (halten von), **understand**

Do you know the answer?
Kennen Sie die Antwort?
I don't understand the question.
Ich verstehe die Frage nicht.
I'm sorry, but I don't remember your name.
Verzeihung, aber ich kann mich nicht an Ihren Namen erinnern.

Beachten Sie bitte: Einige dieser Verben können auch Tätigkeiten beschreiben. Sie werden dann auch in der Verlaufsform verwendet:

	Einfache Zeitform (*simple form*)	Verlaufsform (*continuous form*)
1.	**see** = sehen	**see** = besuchen
	I can't see you. It's too dark. Ich kann dich nicht sehen. Es ist zu dunkel.	**Mr Clark is seeing a client. He isn't in the office.** Herr Clark ist gerade auf Kundenbesuch. Er ist nicht in seinem Büro.
2.	**look** = aussehen	**look (at)** = (an)schauen
	That house looks very old. Dieses Haus sieht sehr alt aus.	**Why are you looking at me?** Warum siehst du mich an?
3.	**think** = meinen, glauben	**think** = denken (als Vorgang)
	I think this is my suitcase but I'm not sure. Ich glaube, dies ist mein Koffer, aber ich bin mir nicht sicher.	**I'm thinking about my last holiday.** Ich denke gerade an meinen letzten Urlaub.
4.	**have** = haben, besitzen	**have** = essen, trinken etc.
	I have a new coffee-maker. Ich habe eine neue Kaffeemaschine.	**I am having a cup of coffee.** Ich trinke eine Tasse Kaffee.

	Einfache Zeitform (*simple form*)	Verlaufsform (*continuous form*)
5.	be = sein	be = sein im Sinne von „sich verhalten, sich benehmen"
	Felix is a serious cat. Felix ist ein ernsthafter Kater.	But today he is being silly! He is not being very reasonable today. Aber heute benimmt er sich daneben! Heute ist er nicht besonders vernünftig.
6.	feel = sich anfühlen	feel = sich fühlen
	This pullover feels wonderful! Dieser Pullover fühlt sich wunderbar an!	In dieser Bedeutung ist sowohl die einfache Form als auch die Verlaufsform möglich:
	• How do you feel? - I don't feel well. I feel sick. Wie fühlst du dich? – Ich fühle mich nicht gut. Mir ist schlecht.	• How are you feeling today? - Oh, I'm feeling great. It's a wonderful day. Wie fühlen Sie sich heute? – Oh, ich fühle mich großartig. Heute ist ein wunderbarer Tag.

8 *Past simple*: Aussage

Im *past simple* (Imperfekt; auch: Vergangenheit, Präteritum) gibt es regelmäßige und unregelmäßige Verben (*regular/irregular verbs*). Die Form des *past simple* ist für alle Personen gleich.

Sarah **travelled** to Canada last summer.
Sarah reiste letzten Sommer nach Kanada.
We **stayed** in London for three days.
Wir blieben drei Tage in London.
Then we **took** a tour of Cornwall.
Dann unternahmen wir eine Reise nach Cornwall.
It rained a lot, but I **loved** the beautiful countryside.
Es regnete viel, aber die schöne Landschaft gefiel mir trotzdem.
My husband **went** to a pub while I **went** shopping.
Mein Mann ging in einen Pub, während ich einkaufen ging.

Die einzige Ausnahme ist **be**:

> **We were in London last month.**
> Letzten Monat waren wir in London.
> **My wife was angry because I was late.**
> Meine Frau war sehr verärgert, weil ich zu spät war.

Die unregelmäßigen *Past-simple*-Formen müssen Sie auswendig lernen. Die wichtigsten finden Sie auf Seite 195.

1 Bildung der regelmäßigen *Past-simple*-Formen

Für die Bildung der regelmäßigen *Past-simple*-Formen wird der Infinitiv verwendet und **-ed** angehängt.

I He She It We You They	worked lived started stopped	here.

2 Aussprache der regelmäßigen *Past-simple*-Formen

Die Aussprache der **-ed**-Endung richtet sich nach dem vorangehenden Laut. Die **-ed**-Endung wird auf drei verschiedene Arten ausgesprochen:

1. Nach stimmlosen Lauten spricht man [t].

I liked [laɪkt]	you danced [dænst]	we hoped [həʊpt]
they watched [wɒtʃt]	he laughed [la:ft]	

2. Nach stimmhaften Lauten spricht man [d].

we stayed [steɪd]	it rubbed [rʌbd]	he opened ['əʊpənd]
they lived ['lɪvd]	he managed ['mænɪdʒd]	

3. Nach [d] und [t] spricht man [ɪd], damit man die Endung hören kann.

we waited ['weɪtɪd]	he hated ['heɪtɪd]
it started ['sta:tɪd]	it ended ['endɪd]

3 Besonderheiten bei der Schreibung der regelmäßigen *Past-simple*-Formen

1. Nach kurzen, betonten Vokalen wird ein einzelner Konsonant verdoppelt, z.B. bei **stop, rub, prefer** etc.

   The car **stopped** in front of the hotel.
   Der Wagen hielt vor dem Hotel.
   Aladdin **rubbed** the magic lamp.
   Aladin rieb seine Wunderlampe.
   We **preferred** to stay in a small Bed and Breakfast.
   Wir übernachteten lieber in einem Bed and Breakfast.

2. Ein stummes **-e** am Ende fällt weg, z.B. bei **smoke, like** etc.

   Henry smoked a lot. — Henry rauchte viel.
   He liked cigars. — Er mochte Zigarren.

3. Endet der Infinitiv auf Konsonant + **y**, wird **-y** vor der Endung **-ed** zu **-i-**, z.B. bei **try, marry** etc.

   She **tried** the curry.
   Sie probierte das Curry.
   Then she **married** the Indian cook.
   Dann heiratete sie den indischen Koch.

Beachten Sie bitte, dass Verben, die auf Vokal + **y** enden, unverändert bleiben:

They **played** rugby. — Sie spielten Rugby.
The cat **obeyed** at once. — Die Katze gehorchte sofort.
We **enjoyed** the party. — Die Party gefiel uns sehr.

4. Beachten Sie bitte folgende Ausnahmen im britischen Englisch:

   We **travelled** to England.
   Wir reisten nach England.
   She **dialled** 999.
   Sie wählte 999.

   Das **-l** von **travel** und **dial** wird vor **-ed** immer verdoppelt.

   Im amerikanischen Englisch werden diese Formen mit einfachem **-l-** geschrieben:

   We **traveled** to Europe.
   Wir reisten nach Europa.
   She **dialed** the wrong number.
   Sie wählte eine falsche Nummer.

9 *Past simple*: Verneinung, Frage und verneinte Frage

Verneinung und Frage werden im *past simple* mit **did** (= *Past-simple*-Form des Hilfsverbs **do**) gebildet. **Did** bleibt in allen Personen unverändert. Verneinung und Fragen werden bei regelmäßigen und unregelmäßigen Verben auf die gleiche Art gebildet.

I went to California last year, but I **didn't go** to Hollywood.
Letztes Jahr bin ich nach Kalifornien gefahren, aber in Hollywood war ich nicht.
What museums **did** you **visit** in Los Angeles?
Welche Museen habt ihr in Los Angeles besucht?
Didn't you go to Disneyland?
Wart ihr nicht in Disneyland?
Sarah **did not say** that.
Das hat Sarah nicht gesagt.

1. Verneinung

Die Verneinung wird mit **did not** bzw. der Kurzform **didn't** und dem Infinitiv des Vollverbs gebildet.

I bought a new shirt but **I didn't buy** new shoes.
Ich habe ein neues Hemd gekauft, aber ich habe keine neuen Schuhe gekauft.
Susan worked for that company but she **didn't work** for Mr Brown.
Susan hat für diese Firma gearbeitet, aber sie hat nicht für Herrn Brown gearbeitet.
The president **did not take** a taxi. He took the bus.
Der Präsident hat kein Taxi genommen. Er hat den Bus genommen.

2. Frage und verneinte Frage

Frage und verneinte Frage werden mit dem Hilfsverb **did** bzw. **didn't** gebildet. Das Vollverb steht in der Infinitivform.

What **did** you **do** yesterday?
Was hast du gestern gemacht?
Didn't you **go** to the zoo?
Warst du nicht im Zoo?

3. Vergleichen Sie Verneinung und Fragebildung im *past simple* und *present simple:*

Sowohl das *past simple* als auch das *present simple* bilden Verneinung und Frage mit einer Form des Hilfsverbs **do** und dem Infinitiv des

Vollverbs. Beim *past simple* wird do in der *Past-simple*-Form (did) verwendet, beim *present simple* steht die *Present-simple*-Form von do (do/does).

Past simple	*Present simple*
We **didn't play** cards. Wir haben nicht Karten gespielt.	We **don't play** cards. Wir spielen nicht Karten.
She **did not drink** coffee. Sie hat keinen Kaffee getrunken.	She **does not drink** coffee. Sie trinkt keinen Kaffee.
Did they **live** in London? Haben sie in London gewohnt?	**Do** they **live** in London? Leben sie in London?
Didn't he **work** for Universal Studios? Hat er nicht für die Universal Studios gearbeitet?	**Doesn't** he **work** for Universal Studios? Arbeitet er nicht für die Universal Studios?

10 *Past simple*: Gebrauch

1. Der Sprecher gebraucht das *past simple* um einen Sachverhalt als vergangen und abgeschlossen darzustellen. Der Zeitpunkt oder Zeitraum des Geschehens kann dabei genannt werden oder er geht aus dem Zusammenhang hervor. Das *past simple* steht häufig mit Zeitangaben der Vergangenheit wie yesterday, last year, in 1990, five years ago etc. sowie mit dem Fragewort When ...?

   Yesterday I didn't go to work.
   Gestern bin ich nicht zur Arbeit gegangen.
   I bought a new car last year.
   Letztes Jahr habe ich mir ein neues Auto gekauft.
   My parents moved to Florida in 1990.
   Meine Eltern sind 1990 nach Florida gezogen.
   She met her husband in Texas five years ago.
   Sie ist ihrem Mann vor fünf Jahren in Texas begegnet.
   When did you finish school?
   Wann hast du die Schule abgeschlossen?
   What did you do last night? – I went to the cinema.
   Was hast du gestern Abend gemacht? – Ich war im Kino.

2. Mit dem *past simple* beschreibt der Sprecher Vorgänge, die sich in der Vergangenheit regelmäßig abgespielt haben.

   I always went on holiday to Wales when I was a child.
   Als ich klein war, bin ich immer nach Wales in Urlaub gefahren.
   I saw my grandparents every day.
   Ich habe jeden Tag meine Großeltern besucht.

3. Das *past simple* wird auch verwendet um über eine Abfolge von vergangenen Tätigkeiten oder Ereignissen zu berichten. Es ist die typische Zeitform für Berichte und Erzählungen.

   Nelson Mandela wanted to be a lawyer. He opened his own law firm in 1952. In 1960 he went underground. The police arrested him in 1963 and he spent the next 27 years in prison. In 1994 he became the first black president of South Africa.
   Nelson Mandela wollte Rechtsanwalt werden. 1952 eröffnete er seine eigene Kanzlei. 1960 ging er in den Untergrund. 1963 wurde er von der Polizei verhaftet und verbrachte die nächsten 27 Jahre im Gefängnis. 1994 wurde er der erste schwarze Präsident Südafrikas.

Beachten Sie bitte: Im Deutschen wird weniger streng zwischen Imperfekt (auch: einfache Vergangenheit) und Perfekt (auch: vollendete Gegenwart) unterschieden:

Patrick went to the cinema last night.
Patrick ging gestern abend ins Kino. / Patrick ist gestern abend ins Kino gegangen.

Im Englischen sind diese beiden Zeiten **nicht** austauschbar. Bei genauen Zeitangaben der Vergangenheit ist das Perfekt (*present perfect simple*) **nicht** möglich.

11 *Present perfect simple*

1 Bildung

Für die Bildung des *present perfect simple* (Perfekt; auch: vollendete Gegenwart) wird das Hilfsverb **have/has** und das *past participle* des Vollverbs verwendet.

I've worked in the garden.
Ich habe im Garten gearbeitet.

Jeremy **has painted** the kitchen.
Jeremy hat die Küche gestrichen.
He **hasn't cleaned** the windows.
Er hat die Fenster nicht geputzt.
Have you **been** to the supermarket?
Warst du im Supermarkt?
Why **haven't** you **phoned** the dentist?
Warum hast du den Zahnarzt nicht angerufen?

Beim *past participle* unterscheidet man regelmäßige und unregelmäßige Formen:

She has **waited** for me.
Sie hat auf mich gewartet.
We have **parked** the car.
Wir haben den Wagen geparkt.
Paul has **worked** a lot.
Paul hat viel gearbeitet.

Mr Brown has **gone** home.
Herr Brown ist nach Hause gegangen.
Sarah has **left** the office.
Sarah hat das Büro verlassen.
I have **been** to New York.
Ich war in New York.

Die regelmäßigen *Past-participle*-Formen werden mit der Endung -ed gebildet, die an die Infinitivform des Verbs angehängt wird. Sie sind identisch mit den regelmäßigen *Past-simple*-Formen.

Die unregelmäßigen *Past-participle*-Formen finden Sie in der Liste der unregelmäßigen Verben auf Seite 195.

Anders als beim Perfekt im Deutschen wird im Englischen beim *present perfect simple* immer have/has verwendet.

he **has** come	er **ist** gekommen
she **has** waited	sie **hat** gewartet
I **have** been	ich **bin** gewesen
she **has** arrived	sie **ist** angekommen

Im Englischen werden Hilfsverb (have/has) und Vollverb **nicht** durch ein Objekt getrennt.

They **have eaten** the cake.	Sie **haben** den Kuchen **gegessen**.
She **has sold** her car.	Sie **hat** ihr Auto **verkauft**.

2 Aussage und Verneinung

I We You They	've have	arrived. been to London. made a mistake.
He She It	's has	

I We You They	haven't have not	arrived. been to London. made a mistake.
He She It	hasn't has not	

3 Frage und verneinte Frage

Have Haven't	I we you they	made a mistake? waited long enough?
Has Hasn't	he she it	worked before? slept too long?

4 Gebrauch

Mit dem Gebrauch des *present perfect simple* drückt der Sprecher aus, dass ein zeitlich zurückliegender Sachverhalt zum Zeitpunkt des Sprechens immer noch aktuell ist. Die Auswirkung oder das Ergebnis des Geschehens ist in der Gegenwart wichtig. Der genaue Zeitpunkt des Geschehens ist nicht bekannt oder nicht wichtig und er wird nicht genannt.

I've written the answer on the board.
Ich habe die Antwort auf die Tafel geschrieben.
(d.h. die Antwort steht immer noch dort)

I'm afraid Mrs Hardy has gone to London.
Ich fürchte, Frau Hardy ist nach London gefahren.
(d.h. sie ist im Moment nicht hier)

The Irish team has broken the world record.
Die irische Mannschaft hat den Weltrekord gebrochen.
(d.h. es gibt jetzt einen neuen Rekord)

He's made a big mistake. He will regret it.
Er hat einen großen Fehler begangen. Den wird er bereuen.
(d.h. der Fehler hat Konsequenzen auf die Zukunft)

Wie oft etwas (irgendwann) bis jetzt geschehen ist, kann durch Häufigkeitsangaben ausgedrückt werden:

I have **often** eaten in that restaurant.
Ich habe oft in diesem Restaurant gegessen.
They have moved house **five times**.
Sie sind fünf Mal umgezogen.
Lynn has visited her parents in Scotland **every year**.
Lynn hat jedes Jahr ihre Eltern in Schottland besucht.
Every time he's asked her to marry him, she has said no.
Jedesmal wenn er um ihre Hand angehalten hat, hat sie abgelehnt.

Der Zeitraum, in dem das Geschehen (irgendwann) stattfand, wird oft durch Zeitangaben angegeben, die eine bis an die Gegenwart heranreichende Zeitspanne beschreiben:

I have read five books by Agatha Christie **up to now**.
Bis jetzt habe ich fünf Bücher von Agatha Christie gelesen.
I have liked all her books **so far**.
Bislang haben mir alle ihre Bücher gefallen.
Lynn has visited her parents every year **in the last 10 years**.
In den letzten zehn Jahren hat Lynn ihre Eltern jedes Jahr besucht.
We have seen Kimberley twice **in the past few days**.
In den letzten Tagen haben wir Kimberley zwei Mal gesehen.
Bob hasn't played the piano **for ten years**.
Bob hat zehn Jahre lang nicht Klavier gespielt.
She hasn't written to us **since she left Canada**.
Sie hat uns nicht geschrieben, seit sie Kanada verlassen hat.

5 *Present perfect simple* und *past simple* im Vergleich

1. Beide Zeitformen können verwendet werden, um über vergangene Vorgänge zu sprechen:

Mit dem *present perfect simple* wird betont, dass das Geschehen einen engen Bezug zur Gegenwart hat. Das Ergebnis des Geschehens ist wichtig, nicht der Zeitpunkt. Der genaue Zeitpunkt wird daher nicht genannt.	Mit dem *past simple* wird betont, dass das Geschehen in der Vergangenheit stattfand und jetzt abgeschlossen und vorbei ist. Der genaue Zeitpunt wird häufig genannt.
Present perfect simple	*Past simple*
Have you seen 'Romeo and Juliet'? It's a great play. (= irgendwann) Hast du „Romeo und Julia“ gesehen? Ein großartiges Drama!	Did you see 'Romeo and Juliet' on TV last night? (= gestern Abend, bestimmter Zeitpunkt der Vergangenheit) Hast du gestern Abend „Romeo und Julia“ im Fernsehen gesehen?
Have you ever been to New Orleans? (= irgendwann einmal) Warst du schon einmal in New Orleans?	Were you in New Orleans during your trip to the United States? (= während deiner USA-Reise, bestimmter Zeitraum der Vergangenheit) Warst du während deiner USA-Reise auch in New Orleans?
My mother has lived here all her life. (= ihr ganzes Leben lang, bis jetzt) Meine Mutter hat ihr ganzes Leben lang hier gewohnt.	I lived in London from 1980 to 1985. (= von 1980 bis 1985, bestimmter Zeitraum der Vergangenheit) Ich habe von 1980 bis 1985 in London gelebt.

2. Folgende Zeitangaben stehen häufig mit dem *present perfect simple* bzw. dem *past simple:*

Present perfect simple	*Past simple*
ever ...?, never, ... yet?, not ... yet, already, for, since, just, so far, up to now, in the past/last five/few hours/days/years	yesterday, last week/month/year, last Saturday, two hours/days/years ago, in the 19th century, in 1960, on April 1st, when ...?

12 *Past continuous*

1 Bildung

Das *past continuous* (Verlaufsform der Vergangenheit) bildet man mit dem Hilfsverb **was/were** und der *-ing*-Form des Vollverbs (*-ing-form, present participle*).

We **were living** in London when I met him.
Ich bin ihm begegnet, während wir in London lebten.
What **were** you **doing** when he phoned you?
Was hast du gerade gemacht, als ich anrief?
The senator fell asleep while the President **was speaking**.
Der Senator schlief ein, während der Präsident seine Rede hielt.
When I saw him, he **wasn't doing** anything. He **was** just **sitting** and **looking** out of the window.
Als ich ihn sah, machte er überhaupt nichts. Er saß nur da und sah aus dem Fenster.

Bei der Verneinung wird an das Hilfsverb (was/were) not bzw. die Kurzform n't angehängt.
Fragen im *past continuous* bildet man durch Umstellen von Subjekt und dem Hilfsverb was/were bzw. wasn't/weren't.

1. Bei der Schreibung gibt es einige Besonderheiten, z.B.:

have ► having
run ► running
die ► dying

Die Regeln für die Schreibung der *-ing*-Form finden Sie auf Seite 76.

2. Das *past continuous* und das *present continuous* werden mit dem Hilfsverb **be** und der *-ing*-Form des Vollverbs gebildet. Beim *present continuous* wird die *Present-simple*-Form von **be** (**am/are/is**), beim *past continuous* die *Past-simple*-Form von **be** (**was/were**) verwendet:

Past continuous	*Present continuous*
What **were** you **doing**? Was hast du gemacht? I **was watching** TV. I **wasn't working.** Ich war dabei fernzusehen. Ich habe gerade nicht gearbeitet.	What **are** you **doing**? Was machst du? I'**m watching** TV. I'**m not working.** Ich sehe gerade fern. Ich arbeite gerade nicht.

2 Gebrauch

1. Mit dem *past continuous* beschreibt der Sprecher Vorgänge, die zu einem bestimmten Zeitpunkt in der Vergangenheit im Verlauf waren. Häufig wurden sie von einem anderen Vorgang unterbrochen.

   • What were you doing at 8 o'clock? – I was preparing dinner.
   Was hast du um acht Uhr gemacht? – Ich habe das Abendessen zubereitet.
   When Jackie entered the room, Mr Green was lying in front of the sofa.
   Als Jackie das Zimmer betrat, lag Herr Green vor dem Sofa.
   While she was playing the piano, Anna heard a scream.
   Während sie Klavier spielte, hörte Anna einen Schrei.
   Sorry, I wasn't listening (when you spoke). What did you say?
   Verzeihung, ich habe nicht zugehört, als Sie sprachen. Was sagten Sie?

   Der Vorgang, der gerade im Verlauf war, stellt das Hintergrundgeschehen zu dem neu einsetzenden Geschehen dar. Das Hintergrundgeschehen steht im *past continuous*, das neue Ereignis im *past simple*. Hintergrundgeschehen und neues Ereignis werden häufig durch ein Satzgefüge aus Hauptsatz und Nebensatz mit **when** (als) oder **while** (während) beschrieben.

2. Das *past continuous* beschreibt eine Situation in der Vergangenheit, die eine Zeit lang andauerte. Eine Reihung von *Past-continuous*-Formen drückt aus, dass im Hintergrund des eigentlichen Geschehens mehrere Vorgänge gleichzeitig abliefen.

   Miss Miller was writing a letter while Christina was cleaning the bedroom. — Fräulein Miller schrieb einen Brief, während Christina das Schlafzimmer aufräumte.

While it was raining, we were having a cup of tea in a nice little tea shop in King's Road.

Während es regnete, gingen wir in ein nettes Café in der King's Road einen Tee trinken.

It was a lovely day. The sun was shining. The crowd was shouting. Everybody was looking forward to the royal procession.

Es war ein schöner Tag. Die Sonne schien. Die Menge lärmte. Jeder freute sich auf den königlichen Tross.

3 *Past continuous* und *past simple* im Vergleich

1. Die Vordergrundhandlung im *past simple* war neu oder wichtig; die Hintergrundhandlung im *past continuous* war gerade im Verlauf.

Zwei Vordergrundhandlungen im *past simple* bedeutet, dass beide Handlungen neu und wichtig waren.

Past continuous

When she entered the room, they were all singing 'Happy Birthday'.

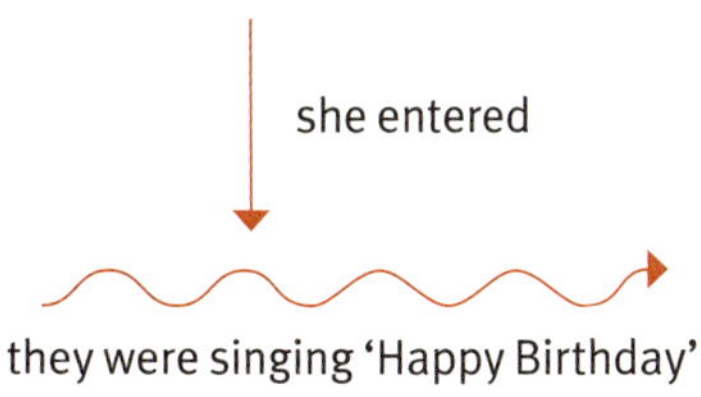

Als sie den Raum betrat, waren alle dabei, „Happy birthday" zu singen.

Past simple

When she entered the room, they all sang 'Happy Birthday'.

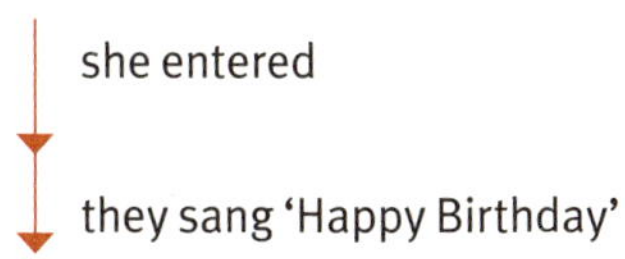

Als ins Zimmer trat, sangen alle „Happy birthday".

2. Der Sprecher verwendet das *past continuous* um Verlauf und Dauer besonders hervorzuheben.

Der Sprecher verwendet das *past simple*, wenn er Verlauf oder Dauer nicht besonders betonen möchte.

The crowd was shouting and singing.
Die Menge lärmte und sang.

The crowd shouted 'Hurrah!' (d.h. nur einmal, dann nicht mehr)
Die Menge rief „Hurra!"

She was writing letters all day yesterday.
Gestern schrieb sie den ganzen Tag Briefe.

She wrote ten letters yesterday.
Gestern schrieb sie zehn Briefe.

I was doing a computer course last month.
Letzten Monat habe ich an einem Computerkurs teilgenommen.

I did a computer course last month.
Letzten Monat habe ich einen Computerkurs gemacht.

Beachten Sie bitte, dass bestimmte Verben nicht in der Verlaufsform verwendet werden:
I was doing a computer course last month. I didn't **like** it.

13 *Present perfect continuous*

1 Bildung

Das *present perfect continuous* bildet man mit den Hilfsverben have been / has been und der *-ing*-Form des Vollverbs (*-ing-form, present participle*). Bei der Verneinung wird not bzw. die Kurzform n't an das Hilfsverb has/have angehängt.
Fragen im *present perfect continuous* bildet man durch Umstellen von Subjekt und dem Hilfsverb have/has bzw. haven't/hasn't.

I**'ve been learning** English for more than a year.
Schon seit über einem Jahr lerne ich Englisch.
How long **has** Sarah **been waiting**?
Wie lange wartet Sarah schon?
The children **haven't been making** too much noise.
Die Kinder haben nicht allzu viel Lärm gemacht.

2 Gebrauch

Mit dem *present perfect continuous* beschreibt der Sprecher Vorgänge, die in der Vergangenheit begonnen haben und bis zum Moment des Sprechens andauern. Die bisherige Dauer wird oft genannt (z.B. all day, for 10 hours, since 8 o'clock) oder sie geht aus dem Zusammenhang hervor.

She has been lying in the sun all morning.
Sie liegt schon den ganzen Morgen in der Sonne.

He has been sleeping for 10 hours.	Er schläft schon seit zehn Stunden.
Lorna is still on the phone. She has been talking to Sandra since 8 o'clock this morning.	Lorna ist immer noch am telefonieren. Sie spricht schon seit acht Uhr früh mit Sandra.
"I haven't been feeling well," she said to the doctor.	„Mir ging es die ganze Zeit nicht gut", sagte sie zum Arzt.

Das *present perfect continuous* steht oft in Fragen mit How long ...?, wenn sich die Zeitspanne, nach der gefragt wird, bis zur Gegenwart erstreckt:

How long has it been raining?	Wie lange regnet es schon?

Im Deutschen wird das *present perfect continuous* häufig mit dem Präsens und „schon" wiedergegeben:

I've been waiting for half an hour.	Ich warte schon seit einer halben Stunde.

3 *Present perfect simple* und *present perfect continuous* im Vergleich

Das *present perfect continuous* bezieht sich auf den gleichen Zeitraum wie das *present perfect simple.* Beide werden für eine Zeitspanne gebraucht, die in der Vergangenheit begonnen hat und bis jetzt andauert und vielleicht noch weiter andauern wird.

Mit dem Gebrauch des *present perfect simple* betont der Sprecher das Ergebnis eines Geschehens. Das Ergebnis wird oft zusammen mit Zahlen (How many?) oder Häufigkeitsangaben (How often?) ausgedrückt.	Mit dem Gebrauch des *present perfect continuous* betont der Sprecher die bisherige Dauer eines Geschehens (How long?).

Present perfect simple	*Present perfect continuous*
He's slept for 10 hours. He isn't tired any more. (d.h. er ist jetzt wach)	He's been sleeping for 10 hours. We should wake him. (d.h. er schläft immer noch)
Er hat zehn Stunden geschlafen. Er ist jetzt nicht mehr müde.	Er schläft schon seit zehn Stunden. Wir sollten ihn wecken.

Present perfect simple	*Present perfect continuous*
Laura has taught Phil to speak German. (d.h. er spricht jetzt Deutsch) Laura hat Phil Deutsch beigebracht.	Laura has been teaching Phil to speak German. (d.h. er lernt immer noch Deutsch) Laura gibt Phil Deutschunterricht.
How many letters has Maureen written since breakfast? – She has written five letters. (d.h. die fünf Briefe sind fertig) Wieviele Briefe hat Maureen seit dem Frühstück geschrieben? – Sie hat fünf Briefe geschrieben.	How long has Maureen been writing letters? – She has been writing letters since breakfast. (d.h. sie schrieb bis eben oder schreibt immer noch Briefe) Seit wann ist Maureen dabei, Briefe zu schreiben? – Sie schreibt seit dem Frühstück Briefe.
The phone has rung three times. (d.h. das Telefon hat drei mal geklingelt) Das Telefon hat dreimal geklingelt.	The phone has been ringing all morning. (d.h. das Telefon klingelt ununterbrochen den ganzen Morgen) Das Telefon klingelt schon den ganzen Morgen.

14 *Past perfect simple*

1 Bildung

Das *past perfect simple* (Plusquamperfekt; auch: vollendete Vergangenheit) bildet man mit dem Hilfsverb **had** und dem *past participle* des Vollverbs. Bei der Verneinung wird **not** bzw. die Kurzform **n't** an das Hilfsverb **had** angehängt. Fragen im *past perfect simple* bildet man durch Umstellen von Subjekt und dem Hilfsverb **had** bzw. **hadn't**.

Cindy **had left** the office early that day.
An diesem Tag hatte Cindy das Büro früh verlassen.
She **hadn't informed** her colleagues.
Sie hatte ihre Kollegen nicht Bescheid gesagt.
Had she **forgotten** our meeting?
Hatte sie unsere Besprechung vergessen?

Why hadn't she phoned?
Warum hatte sie nicht angerufen?

Anders als beim Plusquamperfekt im Deutschen wird im Englischen beim *past perfect simple* immer had verwendet.

Beide Zeitformen, *past perfect simple* und *present perfect simple*, werden mit dem Hilfsverb have und dem *past participle* des Vollverbs gebildet. Beim *present perfect simple* wird has/have verwendet, beim *past perfect simple* had.

Past perfect simple	*Present perfect simple*
We **had** already **eaten**.	We **have** already eaten.
Wir hatten schon gegessen.	Wir haben schon gegessen.
She **hadn't invited** him.	She **hasn't invited** him.
Sie hatte ihn nicht eingeladen.	Sie hat ihn nicht eingeladen.

2 Gebrauch

Mit dem *past perfect simple* drückt der Sprecher aus, dass ein Zustand, Vorgang oder Ereignis vor einem bestimmten Zeitpunkt in der Vergangenheit lag.

Daniel was late. He had missed the train at 9.30.
Daniel war spät dran. Er hatte den Zug um 9.30 Uhr verpasst.
He arrived at the pub at 10.30. Sheila had already left.
Um 10.30 Uhr war er im Pub. Sheila war schon gegangen.
Robert had worked for the company for 36 years when he retired in 2000.
Robert hatte 36 Jahre bei seiner Firma gearbeitet, als er 2000 in Rente ging.
After 6 weeks Laurie had had enough sunshine and wanted to go home.
Nach sechs Wochen hatte Laurie genug vom Sonnenschein und wollte wieder nach Hause.

Das *past perfect simple* steht häufig mit dem *past simple*. Das *past perfect simple* wird in Erzählungen gebraucht, wenn der Sprecher betonen will, dass ein Sachverhalt abgeschlossen ist, wenn ein anderer Sachverhalt beginnt. Das bereits abgeschlossene Geschehen steht im *past perfect simple*, das danach einsetzende Geschehen im *past simple*.

Für ein zu einem bestimmten Zeitpunkt in der Vergangenheit abgeschlossenes Geschehen kann auch das *past simple* stehen, insbesondere nach Konjunktionen wie after, before, as soon as:

As soon as the rain (had) stopped, everybody went back outside.
Als es zu regnen aufhörte, gingen alle wieder nach draußen.
After the guests (had) left, Nicole started to clean up the kitchen.
Nachdem die Gäste gegangen waren, begann Nicole, die Küche aufzuräumen.
Before they went to bed, she (had) closed all the windows.
Bevor sie zu Bett gingen, hatten sie alle Fenster geschlossen.

Mit dem *past simple* drückt der Sprecher aus, dass die beiden Handlungen aufeinander folgten. Mit dem *past perfect simple* betont der Sprecher, dass der Vorgang abgeschlossen war, z.B. weil sein Ergebnis für das nachfolgende Geschehen wichtig war.

15 Übersicht über die Zeitformen der Gegenwart und Vergangenheit

Present simple	**I play tennis on Saturdays.** Samstags spiele ich Tennis. **We live in Cologne.** Wir wohnen in Köln. **Cologne lies on the Rhine.** Köln liegt am Rhein.	Regelmäßige Vorgänge, Gewohnheiten und allgemeine Tatsachen
Present continuous	**I am learning English.** Ich lerne gerade Englisch. **The sun is shining.** Die Sonne scheint.	Vorgang ist gerade im Verlauf
Past simple	**She bought a car last week.** Letzte Woche kaufte sie sich ein Auto. **Before then, she always rode her bicycle to work.** Davor kam sie immer mit dem Fahrrad zur Arbeit.	Vorgang fand zu einem bestimmten, häufig auch genannten Zeitpunkt in der Vergangenheit statt
	I heard some steps outside. Then somebody rang the doorbell. I opened the door. Ich hörte draußen Schritte. Dann läutete jemand. Ich öffnete die Tür.	Abfolge von vergangenen Ereignissen (Berichte, Erzählungen)

Past continuous	I was watching TV when the doorbell rang. Ich sah gerade fern, als es läutete.	Vorgang war zu einem bestimmten Zeitpunkt der Vergangenheit im Verlauf und wird als Hintergrundgeschehen dargestellt
Present perfect simple	She has made a cake. Sie hat einen Kuchen gebacken. I have read this book. Ich habe dieses Buch gelesen.	Zeitlich zurückliegender Vorgang ist zum Zeitpunkt des Sprechens noch aktuell und wichtig; Ergebnis des Vorgangs ist wichtig, nicht der Zeitpunkt
Present perfect continuous	I have been waiting for you since 3 o'clock / for two hours. Ich warte schon seit drei Uhr/seit zwei Stunden auf dich.	Vorgang begann in der Vergangenheit und dauert noch an; bisherige Dauer wird betont
Past perfect simple	When we arrived at midnight, they had already finished dinner. Als wir um Mitternacht ankamen, waren sie schon mit dem Essen fertig.	Vorgang war abgeschlossen, bevor ein anderer Vorgang einsetzte

16 Zukunft mit *will*

1 Bildung

Die Zukunft mit **will** (*will-future*) wird aus **will** oder der Kurzform **'ll** und einem Vollverb gebildet. Es gibt nur eine Form für alle Personen.

Die Verneinung wird mit **will not** bzw. der Kurzform **won't** gebildet. Fragen bildet man durch Umstellen von Subjekt und **will** bzw. **won't**.

> What **will** the weather **be** like tomorrow?
> Wie wird das Wetter morgen?

It **will be** cold, but it **won't rain.**
Es wird kalt, aber es wird nicht regnen.
You **will not need** an umbrella.
Sie werden keinen Regenschirm brauchen.
I'll phone you next week.
Ich rufe Sie nächste Woche an.

2 Gebrauch

1. Die Zukunft mit will wird zur Vorhersage von zukünftigen Geschehnissen verwendet.

   In 10 years nobody will remember Bobby Brown.
   Ich zehn Jahren wird sich niemand an Bobby Brown erinnern.
   It will be warm and sunny in most places tomorrow.
   In den meisten Gegenden wird es morgen warm und sonnig.
   I will ask her the next time I see her.
   Ich frage sie, wenn ich sie das nächste Mal sehe.
   The meeting will be on Monday at 3 pm.
   Die Besprechung findet am Montag um drei Uhr statt.

2. Will wird auch für Vorhersagen, die auf der persönlichen Erfahrung des Sprechers beruhen, verwendet. Will steht nach Verben wie suppose, expect, think, guess, hope, be afraid, die eine Hoffnung, Annahme, Vermutung oder Befürchtung ausdrücken.

   I hope you'll enjoy the football match.
   Ich hoffe, das Fußballspiel wird Ihnen gefallen.
   I think Brazil will win the World Cup.
   Ich glaube, Brasilien gewinnt die Weltmeisterschaft.
   I'm afraid I won't have time to watch the match on TV.
   Ich fürchte, ich werden keine Zeit haben, mir das Spiel im Fernsehen anzusehen.

3 *Present continuous* zur Wiedergabe eines zukünftigen Geschehens

Das *present continuous* beschreibt feste Abmachungen, für die bereits Vorbereitungen getroffen wurden (z.B. Flug gebucht, Zeit im Terminkalender eingetragen, Einladungen verschickt).

I'm flying to San Francisco next week.
Nächste Woche fliege ich nach San Francisco.

We're meeting at 10.00.
Wir treffen uns um zehn Uhr.
We're getting married on Friday, 17th August.
Wir werden am Freitag, dem 17. August, heiraten.

Um Verwechslungen mit der Gegenwart zu vermeiden, benutzt man meistens Zeitangaben der Zukunft, oder der Zukunftsbezug geht aus dem Zusammenhang hervor:

Mr Wilson's flying to San Francisco. (= now)
Herr Wilson ist auf dem Flug nach San Francisco.
Mrs Wilson is flying to San Francisco next Tuesday.
Frau Wilson fliegt nächsten Dienstag nach San Francisco.

17 Zukunft mit *be going to*

1 Bildung

Die Zukunft mit **be going to** (*going to-future*) bildet man mit dem Hilfsverb **be** + **going to** + Vollverb.
Bei der Verneinung wird **not** bzw. die Kurzform **n't** an die Form von **be** angehängt.
Fragen bildet man durch Umstellen von Subjekt und dem Hilfsverb **be**.

I **am going to learn** Russian this winter.
Ich werde diesen Winter Russisch lernen.
Sarah'**s going to get** some wine at the off-licence.
Sarah wird noch Wein im Spirituosenladen besorgen.
We **aren't going to invite** our neighbour.
Unseren Nachbarn werden wir nicht einladen.
The company **is not going to open** any more shops this year.
In diesem Jahr wird die Firma keine weiteren Läden eröffnen.
What **are** you **going to do** with your old car?
Was werdet ihr mit eurem alten Wagen machen?
Aren't they **going to sell** their house?
Werden sie ihr Haus nicht verkaufen?

2 Gebrauch

1. Durch die Zukunft mit **be going to** werden persönliche Absichten oder Vorhaben ausgedrückt. Im Gegensatz zum *present continuous* wurden noch keine Vorbereitungen zur Verwirklichung der Absichten getroffen.

   I'm going to retire when I'm sixty.
   Mit sechzig werde ich in Rente gehen.
   Sarah isn't going to phone Jim this afternoon. She's still angry with him.
   Sarah wird Jim heute Nachmittag nicht anrufen. Sie ist immer noch böse auf ihn.
   Are you going to take another trip to New Zealand soon?
   Werdet ihr bald wieder eine Reise nach Neuseeland unternehmen?

   Der Unterschied zwischen fester Abmachung und persönlichem Vorhaben ist nicht immer klar ersichtlich. Deshalb kann oft sowohl das *present continuous* als auch die Zukunft mit **be going to** verwendet werden:

We're meeting at six o'clock.	Wir treffen uns um sechs Uhr.
We're going to meet at six o'clock.	Wir wollen uns um sechs Uhr treffen.

2. Durch die Zukunft mit **be going to** kann der Sprecher ausdrücken, dass ein bevorstehendes Ereignis aufgrund bereits vorhandener äußerer Anzeichen mit großer Gewissheit eintreten wird (z.B. dunkle Wolken, die Regen ankündigen).

   Look at those black clouds. It's going to rain.
   Schau dir diese schwarzen Wolken an. Es wird regnen.
   She's going to have a baby. (d.h. sie ist schwanger)
   Sie bekommt ein Kind.
   Watch out! You're driving too fast! You're going to hit the wall.
   Achtung! Sie fahren zu schnell! Sie werden in die Mauer krachen.

3 *Present simple* zur Wiedergabe eines zukünftigen Geschehens

Das *present simple* wird zur Wiedergabe von zukünftigen, allgemein festgelegten Vorgängen oder Ereignissen verwendet. Es handelt sich dabei um Fahrpläne, Kalenderangaben, Veranstaltungsprogramme etc. Meistens wird eine Zeitangabe der Zukunft benutzt, oder der Zukunftsbezug geht aus dem Zusammenhang hervor.

The train leaves at 2 o'clock this afternoon from platform 6.
Der Zug fährt heute Nachmittag um zwei Uhr von Gleis sechs.

It arrives in Glasgow at 6.55 pm.
Er trifft in Glasgow um 18.55 Uhr ein.
Christmas holidays begin on Monday next week.
Die Weihnachtsferien beginnen am Montag nächster Woche.
The concert starts at 8.30 and ends at 10.00.
Das Konzert beginnt um halb neun und endet um zehn.

18 *Future continuous*

1 Bildung

Das *future continuous* (Verlaufsform der Zukunft) wird mit **will/'ll + be + -ing**-Form des Vollverbs gebildet. Bei der Verneinung wird **not** an das Hilfsverb **will** angehängt oder die Kurzform **won't** verwendet. Fragen bildet man durch Umstellen von Subjekt und **will** bzw. **won't**.

At this time next week, we'**ll be lying** in the sun.
Nächste Woche um diese Zeit werden wir in der Sonne liegen.
We **won't be talking** about work.
Wir werden nicht über die Arbeit reden.
What **will** you **be doing** then?
Was wirst du dann machen?
Won't you **be thinking** of us?
Werdet ihr nicht an uns denken?

2 Gebrauch

1. Das *future continuous* wird für einen Vorgang verwendet, der zu einem bestimmten Zeitpunkt in der Zukunft gerade im Verlauf ist. Der Zeitpunkt in der Zukunft wird durch eine Zeitangabe oder einen Satz mit **when** genannt oder er geht aus dem Zusammenhang hervor.

At this time tomorrow I'll be flying over the Atlantic.	Morgen um diese Zeit werde ich über den Atlantik fliegen.
When you get this card, we will be lying on the beach and having cold drinks.	Wenn ihr diese Karte bekommt, werden wir am Strand liegen und eisgekühlte Drinks schlürfen.
Don't make any noise when you come in. We'll be sleeping.	Macht keinen Lärm, wenn ihr herein-kommt. Wir werden schon schlafen.

2. Das *future continuous* wird für zukünftige Vorgänge verwendet, die der Sprecher für selbstverständlich hält.

The shops will be closing in 20 minutes.	Die Geschäfte schließen in zwanzig Minuten.
John will be passing the post office on his way home from work.	Auf dem Heimweg wird John am Postamt vorbeikommen.
• Where is Lydia?	Wo ist Lydia?
– Don't worry. She'll be arriving soon.	Keine Sorge. Sie kommt bald.

3. Das *future continuous* wird für höfliche Erkundigungen nach einer Absicht verwendet. Dadurch, dass der Sprecher das zukünftige Ereignis als selbstverständlich erwartet, soll der Eindruck von Neugier vermieden werden.

Hotel clerk: When will you be arriving, sir? ... How long will you be staying? ... How will you be paying?	Hotelangestellter: Wann werden Sie eintreffen, mein Herr? ... Wie lange werden Sie bleiben? ... Wie werden Sie zahlen?
Will you be passing the post office this afternoon? Could you post this letter for me?	Kommst du heute Nachmittag am Postamt vorbei? Könntest du diesen Brief für mich einwerfen?

19 *Future perfect*

1 Bildung

Das *future perfect* (vollendete Zukunft) wird mit will/'ll + have + *past participle* des Vollverbs gebildet.
Die Verneinung erfolgt mit will not bzw. won't.
Fragen werden durch Umstellen von Subjekt und will bzw. won't gebildet.

Everybody **will have gone** home by midnight.
Um Mitternacht wird jeder nach Hause gegangen sein.
I hope they **won't have eaten** all the food.
Ich hoffe, sie werden nicht alles aufgegessen haben.
Will you **have finished** your work in an hour?
Wirst du in einer Stunde deine Arbeit beendet haben?
Won't you **have forgotten** me in two weeks?
Wirst du mich nicht in zwei Wochen vergessen haben?

2 Gebrauch

Mit dem *future perfect* drückt der Sprecher aus, dass ein in der Zukunft liegender Vorgang zu einem bestimmten Zeitpunkt in der Zukunft abgeschlossen sein wird.

> I will have finished this work by the end of the week.
> (d.h. bis spätestens Ende der Woche)
> Ich werde diese Arbeit bis Ende der Woche erledigt haben.
> In three weeks the team will have played six matches.
> (d.h. nach 3 Wochen werden 6 Spiele ausgetragen worden sein)
> In drei Wochen wird die Mannschaft sechs Spiele ausgetragen haben.

20 Übersicht über die Formen zur Wiedergabe der Zukunft

Will-future	In ten years he will be an old man. In zehn Jahren wird er ein alter Mann sein.	Vorhersage für die Zukunft
	I hope you'll enjoy your trip. Ich hoffe, die Reise wird dir gefallen. I expect you'll phone me when you get there. Ich erwarte, dass du mich anrufst, wenn du angekommen bist.	Nach hope, think, suppose, expect, guess, be afraid (d.h. Annahme, Vermutung, Hoffnung, Befürchtung)
Present continuous	I'm flying to New York next week. Ich fliege nächste Woche nach New York.	Feste Abmachung, Vorbereitungen schon getroffen
Going to-future	I'm going to travel around the world. Ich will (werde) eine Weltreise machen.	Absicht
	Look at these clouds! It's going to rain soon. Schau dir diese Wolken an! Es wird bald regnen.	Gewissheit aufgrund vorhandener Anzeichen
Present simple	The train leaves London at 10.30 and arrives in Bristol 3 hours later. Der Zug fährt in London um halb elf ab und kommt drei Stunden später in Bristol an.	Fahrpläne, Veranstaltungsprogramme etc.

Future continuous	In one hour we will be sitting in a boring meeting. In einer Stunde werden wir in einer langweiligen Besprechung hocken.	Vorgang ist in der Zukunft im Verlauf
	My wife will be cooking dinner tonight. Why don't you stay? Meine Frau kocht heute zu Abend. Warum bleiben Sie nicht zum Abendessen?	Zukünftiger Vorgang wird als selbstverständlich erwartet
	Will you be having some wine with your main course, sir? Wünschen der Herr Wein zum Hauptgang?	Höfliche Anfrage nach Absicht
Future perfect	When I'm back from my holiday in France, I will have gained 10 pounds. Wenn ich von meinem Urlaub in Frankreich zurück bin, werde ich zehn Pfund zugenommen haben.	Zukünftiger Vorgang ist zu einem bestimmtem Zeitpunkt abgeschlossen

21 Modalverben

Modalverben (*modal verbs*) geben dem Satz eine zusätzliche Bedeutung. Durch sie drückt der Sprecher aus, was geschehen kann, muss, sollte, würde, darf:

I'm sure we **can** help Bob.
Ich bin mir sicher, dass wir Bob helfen können.
We **must** find him.
Wir müssen ihn finden.
You **should** talk to him.
Du solltest mit ihm reden.
I **would** do it but I don't know him well enough.
Ich würde es tun, aber ich kenne ihn nicht gut genug.
May I use your phone?
Darf ich Ihr Telefon benutzen?

Modalverben stehen zusammen mit einem Vollverb (*main verb*) in der Infinitivform:

I **can speak** English. Ich spreche Englisch.

Es gibt nur eine Form für alle Personen, auch für **he, she, it**:

> He **can** play the guitar. He often plays for his friends.
> Er kann Gitarre spielen. Er spielt oft für seine Freunde.

Frageform und Verneinung werden **nicht** mit dem Hilfsverb **do** gebildet:

> **Can** I help you?
> Kann ich euch helfen?
> **Would** you like a cup of tea?
> Möchten Sie eine Tasse Tee?
> You **can't** be serious.
> Das meinst du nicht ernst.
> You **shouldn't** worry.
> Du solltest dir keine Sorgen machen.
> You **must not** smoke in here.
> Hier dürfen Sie nicht rauchen.

Fragen bildet man durch Umstellen von Subjekt und Modalverb.
Bei der Verneinung wird **not** bzw. die Kurzform **n't** an das Modalverb angehängt.

Modalverben können auch zusammen mit **have** + *past participle* oder mit einer Verlaufsform (*continuous form*) stehen:

> You **should have told** me.
> Du hättest es mir sagen sollen.
> He **must have missed** the train.
> Er muss den Zug verpasst haben.
> You **shouldn't be smoking** in here.
> Du solltest hier drinnen nicht rauchen.

Modalverben können **nicht** in andere Zeitformen (*tenses*) gesetzt werden. Für einige Modalverben gibt es Ersatzformen, die in den verschiedenen Zeitformen verwendet werden können:

be able to (can)	I **haven't been able to** finish the letter. Ich war nicht in der Lage, den Brief zu beenden.
be allowed to (may)	The hotel guests **weren't allowed to** use the swimming-pool. Die Hotelgäste durften den Swimmingpool nicht benutzen.
have to (must)	She **had to** work until 10 pm. Sie musste bis zehn Uhr arbeiten.

1 Übersicht über die Formen der Modalverben

1 Aussage und Verneinung

I He She It We You They	can could may might must need(s) to shall/'ll should will/'ll would/'d	go.	I He She It We You They	cannot /can't could not / couldn't may not might not / mightn't must not / mustn't needn't* shall not / shan't should not / shouldn't will not / won't would not / wouldn't	go.

*Need ist ein Sonderfall.

2 Frage und verneinte Frage

Can Could May Might Must Need* Shall Should Will Would	I He She It We You They	go?	Can't Couldn't – Mightn't Mustn't Needn't* Shan't Shouldn't Won't Wouldn't	I He She It We You They	go?

*Need verhält sich nur bei Frage und Verneinung wie ein Modalverb:

Need he go?	Muss er gehen?
He needn't go.	Er muss nicht gehen.

Allerdings können Frage und Verneinung auch mit do/does und to gebildet werden:

Does he need to go?	Muss er gehen?
He doesn't need to go.	Er muss nicht gehen.

In der Aussage hingegen verhält sich **need** wie ein normales Vollverb:

I need to call him.	Ich muss ihn anrufen.
He need**s** to lose weight.	Er muss abnehmen.
They need**ed** to leave early.	Sie mussten früh gehen.

2 *Can/could / be able to*

1 Formen

Can bedeutet „können".

I **can** hear the rain.
Ich kann den Regen hören.
I **cannot** tell you that.
Das kann ich dir nicht sagen.
I **can't** come tomorrow.
Ich kann morgen nicht kommen.
Can I help you?
Kann ich Ihnen helfen?

Could bedeutet „könnte" und „konnte" (= *Past-simple*-Form von can).

We **could play** a game of chess tonight.
Wir könnten heute Abend eine Partie Schach spielen.
Could you **repeat** it, please?
Könnten Sie das bitte wiederholen?
She **couldn't come** to the meeting yesterday.
Sie konnte gestern nicht zu der Besprechung kommen.

Die Ersatzform **be able to** (fähig, in der Lage sein) kann genau wie das Vollverb **be** in verschiedenen Zeitformen und zusammen mit Modalverben stehen. Verneinung und Frage werden genau wie bei anderen Sätzen mit dem Verb **be** gebildet.

Present simple

He **is able to** help you.
Er kann euch helfen.
I'**m not able to** tell you more.
Ich vermag Ihnen nicht mehr zu sagen.
Is she **able to** translate the letter?
Ist sie in der Lage, den Brief zu übersetzen?

She **wasn't able to** leave the hospital. Sie war nicht fähig, das Krankenhaus zu verlassen.	*Past simple*
They **haven't been able to** finish the work. Sie waren nicht in der Lage, die Arbeit abzuschließen. Why **hasn't** she **been able to** leave? Warum konnte sie nicht gehen?	*Present perfect simple*
Will she **be able to** play her match tomorrow? Wird sie morgen ihr Match bestreiten können? They **may be able to** help you. Womöglich werden sie Ihnen helfen können.	*Modal verb* + be able to

2 Gebrauch von can und could

Can und could werden ähnlich wie das deutsche „können" verwendet.
Can/Could (können/konnte) wird verwendet um über eine Fähigkeit oder Unfähigkeit zu sprechen.

I can speak French.
Ich spreche Französisch.
Can you play the piano?
Spielen sie Klavier?
I can't smell anything.
Ich rieche nichts.
I couldn't go to work yesterday because I was ill.
Ich konnte gestern nicht zur Arbeit gehen, denn ich war krank.

Can/Could (können/konnte) wird verwendet um eine Erlaubnis zu erbitten, zu erteilen oder zu verweigern (Verbot).

Can I smoke in here?	Kann/Darf ich hier rauchen?
You can sit down on the sofa.	Du kannst dich aufs Sofa setzen.
I'm sorry, you can't come in here without a ticket.	Tut mir Leid, Sie können hier nicht ohne Eintrittskarte hinein.
When I was at school we couldn't speak without putting our hand up first.	Als ich zur Schule ging, durften wir nicht sprechen, ohne vorher den Finger gehoben zu haben.

Bei einer Bitte um Erlaubnis ist **could** höflicher als **can**:

> **Could I borrow your pen?**
> Könnte/Dürfte ich Ihren Stift ausleihen?
> **Can I borrow your pen?**
> Kann/Darf ich Ihren Stift ausleihen?

Can/Could verwendet man für höfliche Bitten und Aufforderungen. **Could** klingt etwas höflicher als **can**.

> **Can/Could I have a pound of apples, please?**
> Kann/Könnte ich ein Pfund Äpfel haben, bitte?
> **Can/Could you say that again?**
> Kannst/Könntest du dies noch einmal sagen?
> **Can/Could you turn down the music?**
> Können/Könnten Sie die Musik leiser stellen?

Could (könnte) wird auch verwendet, um einen Vorschlag zu machen.

> • **What are we going to do this evening? – We could go to the cinema.**
> Was wollen wir heute Abend machen? – Wir könnten ins Kino gehen.
> **Couldn't you change jobs if you don't like your boss?**
> Könntest du nicht die Arbeitsstelle wechseln, wenn du deinen Chef nicht magst?

Mit **could** (könnte) drückt man eine Möglichkeit oder Annahme aus.

• **It could rain this afternoon.**	Heute Nachmittag könnte es regnen.
– **You could be right.**	Du könntest Recht haben.
She could be his wife. I always see them together.	Sie könnte seine Frau sein. Ich sehe sie immer zusammen.

3 Gebrauch der Ersatzform **be able to**

Mit **be able to** (fähig, in der Lage sein) spricht man über eine Fähigkeit oder Unfähigkeit.

> **I haven't been able to do the work today.**
> Ich war nicht in der Lage, die Arbeit heute zu erledigen.
> **I don't think I will be able to finish the book by the weekend.**
> Ich glaube nicht, dass ich das Buch bis zum Wochenende ausgelesen haben werde.

In der Gegenwart und Vergangenheit wird eine Fähigkeit oder Unfähigkeit meistens mit **can** und **could** ausgedrückt:

> **I can't do the work today.**
> Ich kann die Arbeit heute nicht erledigen.
> **He couldn't finish the book yesterday.**
> Er konnte das Buch gestern nicht zuende lesen.

Be able to kann aber auch im *present simple* und *past simple* verwendet werden:

I can't answer all your questions. = I'm not able to answer all your questions.

Zwischen **was/were able to** und **could** wird allerdings ein Bedeutungsunterschied gemacht:

He wasn't able to lift the last weight.

He couldn't drive, so he took the train. (Fähigkeit)
He was able to catch the train because he ran all the way to the station.
(Gelingen; er schaffte es, den Zug zu erreichen)

3 *May/might / be allowed to*

1 May/might

Mit **may** (dürfen) kann man eine Bitte um Erlaubnis ausdrücken. Fragen mit **might** (dürfte) sind sehr förmlich und höflich.

May I take this chair?	Darf ich diesen Stuhl haben?
May I help you?	Darf ich Ihnen helfen?
Might I ask you a question?	Dürfte ich Ihnen eine Frage stellen?

Mit **may** kann man eine Erlaubnis erteilen, mit **may not** eine Erlaubnis verweigern (Verbot).

> **You may not take alcohol into the football stadium.**
> Es ist verboten, Alkohol mit ins Fußballstadion zu nehmen.
> **They may come if they want.**
> Sie dürfen kommen, wenn sie wollen.

Mit **may/might** drückt man aus, dass etwas möglicherweise der Fall ist oder der Fall sein könnte. Mit **might** wird eine geringere Wahrscheinlichkeit als mit **may** ausgedrückt.

> **It may rain this afternoon.**
> Es könnte heute nachmittag regnen.
> **Austria might win the World Cup.**
> Österreich könnte den Weltcup gewinnen.
> **It mightn't be a good idea to go today.**
> Es dürfte keine gute Idee sein, heute zu gehen.
> **I might go.**
> Vielleicht werde ich gehen.
> **She may/might have missed the train.**
> Sie hat möglicherweise den Zug verpasst.

2 Die Ersatzform **be allowed to**

Be allowed to (erlaubt sein, können, dürfen) wird verwendet, um eine Erlaubnis zu erbitten, zu erteilen oder zu verweigern (Verbot).

> **He hasn't been allowed to smoke since his heart attack.**
> Seit seinem Herzinfarkt durfte er nicht mehr rauchen.
> **I hope I will be allowed to leave the hospital next week.**
> Ich hoffe, ich darf das Krankenhaus nächste Woche verlassen.

In der Gegenwart und Vergangenheit werden in diesem Sinne meistens **can/may** und **could** verwendet:

Can/May I open the window?	Kann/Darf ich …?
I couldn't smoke on the plane.	Ich konnte nicht …

Be allowed to wird aber auch im *present simple* und *past simple* gebraucht. Mit **be allowed to** bittet der Sprecher um eine offizielle Erlaubnis, mit **be not allowed to** drückt er ein offizielles Verbot aus.

Am I allowed to smoke in here?	Kann/Darf ich …
Visitors are not allowed to take photographs in the museum.	Besucher dürfen nicht …
Passengers were not allowed to smoke during the flight.	Die Passagiere durften nicht …

4 *Must / have to / have got to / need to*

All diese Beispielsätze drücken eine Verpflichtung oder Notwendigkeit aus.

You must go now.
Ihr müsst jetzt gehen.
I have to go because my husband is waiting for me.
Ich muss gehen; mein Mann wartet auf mich.
You don't have to do military service in Britain.
In Großbritannien muss man keinen Militärdienst leisten.
You've got to help your sister.
Sie müssen meiner Schwester helfen.
You needn't pay anything. It's free.
Ihr müsst nicht bezahlen. Es kostet nichts.
The government needs to increase taxes.
Die Regierung muss die Steuern erhöhen.

1 Must / have to

Must und **have to** bedeuten „müssen". Mit **must** drückt der Sprecher seine persönliche Überzeugung aus, dass er etwas für notwendig hält. **You must** wird für Befehle und Aufforderungen verwendet. Mit **I must** drückt der Sprecher aus, dass er sich verpflichtet oder verantwortlich fühlt.

I'm sorry I have to go now. I have another appointment.
Es tut mir Leid, aber ich muss jetzt gehen. Ich habe noch eine Verabredung.
I must remember to send Julian a birthday card.
Ich muss dran denken, Julian eine Geburtstagskarte zu schicken.
You must drive carefully.
Du musst vorsichtig fahren.
In Britain you have to drive on the left-hand side of the road.
In Großbritannien muss man auf der linken Straßenseite fahren.

Mit **have to** drückt der Sprecher aus, dass etwas aufgrund äußerer Umstände oder der Anordnung eines Dritten erforderlich ist.

2 Have to / have got to / need to

Have to drückt eine Verpflichtung aus, **need to** eine Notwendigkeit.

We have to move out of our house by the end of next month.
Wir müssen zum Monatsende aus unserem Haus ausziehen.

My son has to travel a lot for his job.
Für seine neue Arbeitsstelle muss mein Sohn viel reisen.
We need to find another house soon.
Wir müssen bald ein neues Haus finden.
The school needs to buy new chairs.
Die Schule muss neue Stühle anschaffen.

Neben **have to** wird in der Gegenwart auch **have got to** verwendet. Beide Formen haben die gleiche Bedeutung und werden sowohl im britischen als auch im amerikanischen Englisch gebraucht:

I've got to go now. = I have to go now.
Ich muss jetzt gehen.
He's got to work harder. = He has to work harder.
Er muss härter arbeiten.
What have you got to do tomorrow? =
What do you have to do tomorrow?
Was müsst ihr morgen tun?

3 Verneinte Formen und Frageformen von **have to** und **need (to)**

Zur Verneinung und Fragebildung bei **have to** wird das Hilfsverb **do** verwendet. **Need to** kann auf zwei Arten verneint werden: mit dem Hilfsverb **do** oder durch Anhängen von **not** bzw. **n't** an das Modalverb. Fragen werden durch Umstellen von **need** und Subjekt oder mit **do** gebildet. Die Formen mit **do** werden im amerikanischen Englisch bevorzugt.

Dave doesn't have to sell his house.
Dave muss sein Haus nicht verkaufen.
You don't have to tell me that.
Das musst du mir nicht erzählen.
Does Stephen have to work on Saturday?
Muss Stephen am Samstag arbeiten?
You needn't shout. / You don't need to shout.
Du brauchst nicht zu schreien.
Need I repeat what I said? / Do I need to repeat what I said?
Muss ich wiederholen, was ich gesagt habe?

4 Must not

Must not / mustn't bedeutet „nicht dürfen".

You mustn't smoke in here. = You are not allowed to smoke in here.
Sie dürfen hier nicht rauchen.

5 Andere Zeitformen von **have to** und **need to**

1. Zukunft

You'**ll have to** write to me when you get to London.
Sie müssen mir schreiben, wenn Sie nach London kommen.
You **won't have to** type that letter again.
Sie müssen diesen Brief nicht noch einmal tippen.
You **will need to** take an umbrella.
Du wirst einen Regenschirm mitnehmen müssen.

2. Vergangenheit

Marcus **had to** work late yesterday.
Marcus musste gestern bis spät abends arbeiten.
He **didn't have to** finish his report.
Er musste seinen Bericht nicht fertigstellen.
They **needed to** leave early.
Sie mussten früh fahren.
They **didn't need to** take a taxi.
Sie brauchten kein Taxi zu nehmen.

6 Weitere Verwendungsweisen von **must, have to** und **have got to**

Must verwendet man für logische Schlussfolgerungen.

I've looked everywhere. The key must be here somewhere.
Ich habe überall nachgesehen. Der Schlüssel muss hier irgendwo sein.
You must be joking!
Du machst wohl Witze!
They aren't here. They must have already left.
Hier sind sie nicht. Sie müssen schon gegangen sein.
I can't find my key. I must have lost it.
Ich kann meinen Schlüssel nicht finden. Ich muss ihn verloren haben.

Im amerikanischen Englisch und zunehmend auch im britischen Englisch wird auch **have to** oder **have got to** verwendet um einen logischen Schluss zu ziehen:

> You have to be joking! = You've got to be joking!

Das Gegenteil von **must** ist hier **can't**:

> It can't be X, it must be Y.

Must, have to und **have got to** verwendet man auch für nachdrückliche Empfehlungen oder Ratschläge.

> You must see the new Kevin Costner film. It's brilliant!
> Ihr müsst euch den neuen Film mit Kevin Costner ansehen. Er ist fantastisch!
> You must see a doctor as soon as possible.
> Sie müssen so bald wie möglich einen Arzt aufsuchen.
> You have to come and see us the next time you're in town.
> Ihr müsst uns besuchen kommen, wenn ihr wieder in der Stadt seid.
> You've got to meet my friend Tracy. She's so funny!
> Du musst meine Freundin Tracy kennen lernen. Sie ist so lustig!

5 *Will/shall*

1 Formen

Shall und **shan't** werden im britischen Englisch noch als Zukunftsform in der 1. Person (**I, we**) gebraucht, können jedoch immer durch **will** bzw. **won't** ersetzt werden. Sonst braucht man **shall** für Vorschläge und Angebote.
'll ist die Kurzform von **will** und **shall**.

> We **will/shall** leave early tomorrow morning.
> Wie werden morgen früh wegfahren.
> I'**ll** help you.
> Ich werde dir helfen.
> I **won't/shan't** be here next week.
> Nächste Woche werde ich nicht hier sein.
> **Will** you close the window, please?
> Machst du bitte das Fenster zu?
> **Shall** I open the door?
> Soll ich die Tür öffnen?

2 Gebrauch

Mit **will (shall)** drückt man einen soeben getroffenen Entschluss oder eine spontane Bereitschaft aus.

• What would you like to drink?	Was möchten Sie trinken?
– I'll have a mineral water, please.	Ich nehme ein Mineralwasser, bitte.
Wait a minute. I'll write that down so that I won't forget.	Einen Moment. Ich schreibe mir das auf, damit ich es nicht vergesse.
Don't worry. We will/shall help you.	Keine Sorge. Wir werden euch helfen.

Mit **will (shall)** drückt man einen Vorschlag oder ein Angebot aus. **Shall I/we** bedeutet „Soll ich / sollen wir" und lässt sich **nicht** durch **will** ersetzen.

I'll wash up if you like.	Ich wasche ab, wenn du willst.
I'll set the table for dinner, shall I?	Ich decke den Tisch fürs Abendessen, ja?
Shall I open the window?	Soll ich das Fenster öffnen?
• Shall we go?	Sollen wir gehen?
– Yes, let's go!	Ja, auf geht's.

Mit **will (shall)** drückt der Sprecher seine Entschlossenheit aus etwas, zu tun. **Will (shall)** wird in diesem Sinne häufig für Versprechungen und Androhungen verwendet.

I'll reduce the price (if you buy ten or more).
Ich setze den Preis herab, wenn Sie mindestens zehn Stück abnehmen.
(If you do that,) I'll call my lawyer.
Wenn Sie das tun, werde ich meinen Anwalt verständigen.
I'll phone you every day. I promise I shall not/shan't forget.
Ich werde dich jeden Tag anrufen. Ich verspreche, es nicht zu vergessen.
Stop bothering me. I won't do it!
Hör auf, mich zu nerven: Ich mache es nicht!

Fragen mit **will** (**nicht shall**) drücken eine Bitte oder einen Wunsch aus.

Will you help me move the table?
Hilfst du mir, den Tisch zu verschieben?
Will you speak a little louder, dear?
Sprich doch ein bisschen lauter, Schatz.

Durch Fragen mit **will** (**nicht shall**) kann man auch eine Aufforderung oder einen Befehl ausdrücken.

> **Will you please take a seat?**
> Nehmen Sie bitte Platz!
> **Will you take the empty bottles back to the supermarket?**
> Nimmst du bitte die leeren Flaschen mit zum Supermarkt?
> **Will you be quiet now!**
> Sei endlich still!

Einladungen können mit **won't** formuliert werden:

> **Won't you sit down?**
> Nehmen Sie doch bitte Platz!
> **Won't you have a cup of tea before you go?**
> Möchtest du nicht noch eine Tasse Tee, bevor du gehst?

6 *Would*

1 Formen

Would bedeutet „würde". **I'd like / I would like** entspricht dem deutschen „Ich möchte". **Would you like ...?** bedeutet „Möchtest du / Möchten Sie / Möchtet ihr ...?".

That **would be** lovely!	Das wäre schön!
I'**d like** to see you.	Ich würde dich gern sehen.
I **wouldn't do** that.	Das würde ich nicht tun.
Would you **like** some more tea?	Möchten Sie noch Tee?

2 Gebrauch

Mit **would** verweist man auf nicht reale, sondern nur theoretisch mögliche oder wahrscheinliche Situationen.

> **Steve would look better with short hair.**
> Mit kurzen Haaren würde Steve besser aussehen.
> **Harry would be crazy to give up a job like that!**
> Harry müsste verrückt sein, um diese Arbeitsstelle aufzugeben!
> **I wouldn't be so patient!**
> Ich wäre nicht so geduldig!

Would wird zum Ausdruck einer höflichen Bitte oder eines Wunsches verwendet. Weiterhin kann man mit **would** eine Einladung oder ein Angebot ausdrücken.

> **I'd like two pounds of apples, please.**
> Ich hätte gern zwei Pfund Äpfel, bitte.
> **We'd like to visit the castle this afternoon.**
> Heute Nachmittag möchten wir die Burg besuchen.
> **Would you mind lending me five pounds?**
> Hätten Sie etwas dagegen, mir fünf Pfund zu leihen?
> **Would you like to have dinner with me?**
> Würden Sie mit mir zu Abend essen?

7 *Should / ought to*

1 Formen

Should und **ought to** entsprechen dem deutschen „sollte (eigentlich)“. In der Frageform wird **ought to** eher selten verwendet.

> **You should learn these grammar rules.**
> Ihr solltet diese Grammatikregeln lernen.
> **You shouldn't be so selfish.**
> Du solltest nicht so egoistisch sein.
> **What should we do? Should we start with the soup?**
> Was sollen wir machen? Sollen wir mit der Suppe anfangen?
> **You ought to go and see the new film.**
> Du solltest dir den neuen Film ansehen.
> **Tell Jenny that she oughtn't to worry about the money.**
> Sag Jenny, sie soll sich keine Sorgen wegen des Geldes machen.
> **Ought I to write them a thank-you note?**
> Ob ich ihnen einen Dankesbrief schreiben sollte?

2 Gebrauch

Should und **ought to** verweisen auf eine Verpflichtung. Man verwendet **should** und **ought to** um Ratschläge oder Ermahnungen zu erteilen oder um eine Forderung auszudrücken.

> **You should go to bed earlier.**
> Ihr solltet früher zu Bett gehen.

You ought to visit your parents more often.
Du solltest deine Eltern öfter besuchen.
You shouldn't drink and drive.
Man soll nicht trinken und Auto fahren.
You should pay me back the money.
Du solltest mir mein Geld zurückzahlen.

8 *Had better*

Had better und die Kurzform **'d better** werden für nachdrückliche Empfehlungen verwendet, die man besser befolgt, da sich sonst unangenehme Folgen ergeben könnten.

You'd better stay at home.
Du würdest gescheiter zu Hause bleiben.
He'd better take an umbrella with him in case it rains.
Er täte besser daran, einen Schirm mitzunehmen, falls es regnet.
You'd better tell your boss about the problem.
Du würdest besser deinem Chef von dem Problem erzählen.

Die Verneinung lautet **had better not**:

I'd better not be late.	Es wäre besser, wenn ich nicht zu spät käme.
He'd better not go out today.	Heute sollte er besser nicht ausgehen.

9 *Would rather*

Would rather oder die Kurzform **'d rather** wird wie das deutsche „würde lieber" verwendet.
Es drückt aus, was man vorzieht.

I'd rather go to Italy than to Spain.
Ich würde lieber nach Italien als nach Spanien fahren.
I'd rather have fish than lamb.
Ich esse lieber Fisch als Lamm.
He's not coming. He'd rather not go out tonight.
Er kommt nicht. Er möchte heute abend lieber nicht ausgehen.
Would you rather have a salad?
Möchten Sie lieber einen Salat?

10 *Used to*

Used to beschreibt eine frühere Gewohnheit oder einen Zustand, der eindeutig der Vergangenheit angehört. In beiden Fällen ist es für den Gebrauch unerlässlich, dass sich die Situation inzwischen geändert hat. **Used to** kann nur im *past simple* angewendet werden.

> I used to see him every morning on my way to work.
> Ich bin ihm [früher] jeden Morgen auf dem Weg zur Arbeit begegnet.
> She used to live in Miami (but she lives in New York now).
> Sie lebte [früher] in Miami, lebt aber jetzt in New York.
> There used to be a pub next to the cinema.
> Früher war ein Pub neben dem Kino.
> Did you use to wear glasses at school?
> Hast du zu Schulzeiten eine Brille getragen?
> She didn't use to smoke (but she does now).
> Früher hat sie nicht geraucht, aber jetzt raucht sie.
> Didn't Mr Miller use to work for United Airways?
> Hat Herr Miller nicht für United Airways gearbeitet?

22 Das Passiv

1 Bildung

Das Passiv (*passive*) wird gebildet mit dem Hilfsverb **be** und dem *past participle* des Vollverbs.

> You **are invited** to a party.
> Ihr seid zu einer Party eingeladen.
> This chocolate **is made** in Switzerland.
> Diese Schokolade wird in der Schweiz hergestellt.
> Rome **wasn't built** in a day.
> Rom wurde nicht an einem Tag errichtet.
> Four new hotels **have been opened** in Stratford this year.
> In Stratford wurden in diesem Jahr vier neue Hotels eröffnet.

2 Formen

Passivsätze können in alle Zeitformen gesetzt werden. Zur Bildung der verschiedenen Zeitformen wird jeweils das Hilfsverb **be** in die entsprechende Zeitform gesetzt. Das *past participle* bleibt unverändert.

1 Aussage

Subject	*Auxiliary* be	*Past participle*	
The bank robber	is	followed.	*Present simple*
	is being		*Present continuous*
	was		*Past simple*
	was being		*Past continuous*
	has been		*Present perfect simple*
	had been		*Past perfect simple*

In der Verlaufsform (*continuous form*) sind im Passiv nur *present continuous* und *past continuous* üblich. Sie drücken aus, dass etwas gerade im Verlauf ist bzw. war:

The match is being shown on TV. — Das Match wird gerade im Fernsehen gezeigt.

Tea was being served in the lounge. — In der Lounge wurde Tee serviert.

Passivsätze können auch mit Modalverben gebildet werden:

Subject	*Modal verb* + be	*Past participle*
The match	will be	held in Vienna.
	can be	
	must be	
	could be	
	should be	
	may be	
	would be	

2 Verneinung

Bei der Verneinung von Passivsätzen wird an das (erste) Hilfsverb oder an das Modalverb not bzw. die Kurzform n't angehängt.

Tea isn't grown in Germany.
In Deutschland wird kein Tee angebaut.
The letter wasn't sent yesterday.
Der Brief wurde nicht gestern abgeschickt.
The president hasn't been informed.
Der Präsident ist nicht informiert worden.
Drinks will not be served to anyone under 18.
An Personen unter 18 Jahre werden keine alkoholischen Getränke ausgeschenkt.

Towels should not be taken from the room.
Aus dem Zimmer sollten keine Handtücher mitgenommen werden.

3 Frage

Fragen bildet man im Passiv durch Umstellen von Subjekt und (erstem) Hilfsverb bzw. Modalverb.

Were the visitors treated well?
Sind die Gäste gut behandelt worden?
Have the keys been found?
Sind die Schlüssel gefunden worden?
Will the room be cleaned today?
Wird das Zimmer heute gereinigt werden?
Should white wine be served with fish?
Sollte zum Fisch nicht Weißwein gereicht werden?

3 Gebrauch

Aktiv- und Passivsätze stellen ein Geschehen aus unterschiedlicher Sicht dar:

The policeman followed the bank robber.
Der Polizist verfolgte den Bankräuber.
The bank was robbed yesterday morning.
Die Bank wurde gestern morgen ausgeraubt.

Im Aktivsatz steht der Ausführende im Vordergrund, im Passivsatz die Person oder Sache, mit der etwas geschieht.

Passivsätze verwendet man, wenn die Person oder Sache, die von der Handlung betroffen ist, wichtiger ist als die Person oder Sache, die das Geschehen verursacht:

Three people were injured in the car accident. Fortunately **nobody** was killed.

Drei Personen wurden bei einem Autounfall verletzt. Glücklicherweise kam niemand ums Leben.

Der Urheber oder Verursacher des Geschehens kann zusätzlich genannt werden:

Three people were taken to hospital **by an ambulance crew**.
Drei Personen wurden von Sanitätern ins Krankenhaus gebracht.
The accident was caused **by a 19-year-old driver from Newcastle**.
Der Unfall wurde von einem 19-jährigen Autofahrer aus Newcastle verursacht.

Der Verursacher oder Urheber des Geschehens wird mit der Präposition **by** genannt (*by-agent*). Der *by-agent* wird nur verwendet, wenn der Verursacher des Geschehens als wesentliche neue Information des Satzes dargestellt werden soll.

4 Passiv mit verschiedenen Arten von Verben

Das Passiv kann nur von Verben gebildet werden, die ein Objekt haben (invite **somebody**, open **something**).

> Julia was invited to the party.
> Julia wurde zur Party eingeladen.
> The new hotel will be opened next month.
> Das neue Hotel wird nächsten Monat eröffnet.

1 Passivsätze bei Verben mit einem Objekt

Als Subjekt des Passivsatzes wird das direkte Objekt („Wen oder was?") des Aktivsatzes verwendet (buy/find **something**, inform **somebody**).

> **The old castle** was bought by an American millionaire.
> Die alte Burg wurde von einem amerikanischen Millionär erworben.
> **The skeleton** was found in the wine cellar.
> Das Skelett wurde im Weinkeller aufgefunden.
> **The police** have been informed.
> Die Polizei wurde benachrichtigt.

Viele englische Verben werden mit einem direkten Objekt verbunden, die im Deutschen ein indirektes Objekt („Wem?") oder eine andere Ergänzung haben:

> She was thanked for her help. (thank **somebody** = **jdm** danken)
> The king will be remembered for a long time. (remember **somebody** = sich **an jdn** erinnern)

2 Passivsätze bei Verben mit zwei Objekten

Bei Verben mit zwei Objekten sind zwei Passivsätze möglich (offer/promise **somebody something**). Das Personenobjekt wird im Passivsatz mit **to** angeschlossen.

I was offered a new job last week.	**A new job** was offered to me last week.

Letzte Woche wurde mir eine neue Arbeitsstelle angeboten.

My wife was promised a pay rise.	**A pay rise** was promised to my wife.

Meiner Frau wurde eine Gehaltserhöhung versprochen.

5 Passivsätze mit *have* und *get* in der Bedeutung „etwas machen lassen"

Im Englischen sind die folgenden zwei Passivkonstruktionen möglich:

	get/have	*Object*	*Past participle*
I need to	get	my coat	cleaned.
My husband	had/got	his hair	cut yesterday.
I'd like to	have	my hair	cut.
Where can I	get	this film	developed?
My friend	has had	his house	modernized.

Der Unterschied zwischen **have** und **get** ist gering. In einem Geschäft, z.B. beim Friseur, sagt man normalerweise:

I'd like to have my hair washed and cut.
Waschen und schneiden, bitte.

Wenn man aber einen Friseur sucht, sagt man eher:

Where can I get my hair cut in this area?
Wo kann ich mir hier die Haare schneiden lassen?

6 Übersicht über die Zeitformen des Aktivs und des Passivs

Active	*Passive*	
The company **sells** the book in England. Die Firma verkauft das Buch in England.	The book **is sold** in England. Das Buch wird in England verkauft.	*Present simple*
The company **sold** the book in England. Die Firma verkaufte das Buch in England.	The book **was sold** in England. Das Buch wurde in England verkauft.	*Past simple*
The company **has sold** the book in England. Die Firma hat das Buch in England verkauft.	The book **has been sold** in England. Das Buch ist in England verkauft worden.	*Present perfect simple*

Active	*Passive*	
The company **had sold** the book in England. Die Firma hatte das Buch in England verkauft.	The book **had been sold** in England. Das Buch war in England verkauft worden.	*Present perfect simple*
The company **is selling** the book in England. Die Firma verkauft das Buch gerade in England.	The book **is being sold** in England. Das Buch wird gerade in England verkauft.	*Present continuous*
The company **was selling** the book in England. Die Firma verkaufte das Buch (damals) gerade in England.	The book **was being sold** in England. Das Buch wurde (damals) gerade in England verkauft.	*Past continuous*
The company **will sell** the book in England. Die Firma wird das Buch in England verkaufen.	The book **will be sold** in England. Das Buch wird in England verkauft werden.	*Will-future / Modal verb:* will
The company **can sell** the book in England. Die Firma kann das Buch in England verkaufen.	The book **can be sold** in England. Das Buch kann in England verkauft werden.	*Modal verb:* can
The company **must sell** the book in England. Die Firma muss das Buch in England verkaufen.	The book **must be sold** in England. Das Buch muss in England verkauft werden.	*Modal verb:* must
The company **should sell** the book in England. Die Firma sollte das Buch in England verkaufen.	The book **should be sold** in England. Das Buch sollte in England verkauft werden.	*Modal verb:* should
The company **is going to sell** the book in England. Die Firma wird das Buch in England verkaufen.	The book **is going to be sold** in England. Das Buch wird in England verkauft werden.	*Going to-future*

23 Der Infinitiv nach bestimmten Verben

Nach bestimmten Verben folgt ein weiteres Verb in der Infinitvform. Ob der Infinitiv mit oder ohne to angeschlossen wird, hängt von dem vorangehenden Verb ab.

John can **speak** French and Spanish.
John spricht Französisch und Spanisch.
He wants **to learn** Italian now.
Er möchte jetzt Italienisch lernen.

1 Der Infinitv ohne *to*

Den Infinitiv ohne to verwendet man:

1 nach Modalverben:

We must take an umbrella when we go out.
Wir müssen einen Regenschirm mitnehmen, wenn wir ausgehen.
I can't believe this.
Das kann ich nicht glauben.
You should think about it.
Du solltest daran denken.

2 nach would rather / had better / let's:

She'd rather work part-time.
Sie möchte lieber Teilzeit arbeiten.
You'd better get some insurance.
Sie sollten eine Versicherung abschließen.
Let's have a drink after dinner.
Lasst uns nach dem Abendessen noch etwas trinken.

3 nach let, make, hear, see, watch (und anderen Verben der Sinneswahrnehmung):

(Subject +) Verb	*Object*	*Infinitive*
Let	me	have a look.
She made	me	cry.
Did you hear	your brother	come in last night?
I didn't see	the cat	jump off the roof.
We watched	the bird	fly away.

Beachten Sie bitte die unterschiedliche Bedeutung von let und make:

On Monday Mr Johnson let his secretary leave early.
Am Montag ließ Herr Johnson seine Sekretärin früher gehen.
On Tuesday he made her stay until 8 pm.
Am Dienstag zwang er sie, bis um acht Uhr zu bleiben.

let = (zu)lassen, erlauben; make = (veran)lassen, dazu zwingen/bringen

2 Der Infinitv mit *to*

Der Infinitiv mit to wird verwendet:

1 nach bestimmten Adjektiven:

Is English **easy** to learn?
Ist Englischlernen einfach?
It's **good** to see you again.
Gut, Sie wiederzusehen!
Is it **difficult** to climb this mountain?
Ist es schwierig, auf diesen Berg zu klettern?
It's **important** to say what you want.
Es ist wichtig zu sagen, was man will.
I'll be **happy** to accept your invitation.
Ihre Einladung nehme ich gern an.
Nice to meet you.
Schön, Sie kennen zu lernen.
I'm **pleased** to see you.
Freut mich, Sie zu sehen.
I'm **sad** to see you go.
Schade, dass Sie gehen.
I'm **sorry** to hear about your father's illness.
Es tut mir Leid, von der Krankheit deines Vaters zu hören.

2 nach bestimmten Verben:

Es gibt zwei unterschiedliche Satzmuster:

Verb + to + *Infinitive*

Would you **like** to come?
Möchten Sie kommen?

I **would love** to see you.
Ich würde dich gern besuchen.
She **wanted** to leave.
Sie wollte gehen.
I **can't afford** to buy a new car.
Ich kann es mir nicht leisten, mir ein neues Auto zu kaufen.
We **arranged** to meet at 8 pm.
Wir verabredeten uns für ein Treffen um acht Uhr.
Barry **decided** to quit his job.
Barry beschloss, seine Arbeitsstelle zu kündigen.
The neighbours **offered** to help.
Die Nachbarn boten ihre Hilfe an.
The doctor **promised** to come.
Der Arzt versprach zu kommen.
We **tried** to swim across the river.
Wir versuchten, durch den Fluss zu schwimmen.
I **hope** to see you soon.
Ich hoffe, euch bald zu sehen.
Barbara **refused** to go by train.
Barbara weigerte sich, mit dem Zug zu fahren.
The baby **began** to cry.*
Das Baby fing an zu schreien.
When did you **start** to feel ill?*
Wann haben Sie angefangen, sich krank zu fühlen?
They **planned** to spend the weekend in London.
Sie hatten vor, das Wochenende in London zu verbringen.

* Nach begin und start kann ohne Bedeutungsunterschied auch die *-ing*-Form (*gerund*) stehen: It started/began **to rain**. = It started/began **raining**.

Verb + *Object* + to + *Infinitive*

Would you **like** me to help you?
Möchten Sie, dass ich Ihnen helfe?
We **would love** you to stay longer.
Wir hätten es sehr gerne, wenn Sie länger blieben.
My boss **wanted** me to work late.
Mein Chef wollte, dass ich länger arbeite.
I **prefer** you to be home before midnight.
Mir ist lieber, wenn du vor Mitternacht zu Hause bist.

I **hate** you to talk like that.
Ich hasse es, wenn du so sprichst.
She **asked** me to be home early.
Sie bat mich, früh zu Hause zu sein.
She **invited** me to stay for dinner.
Sie lud mich ein, zum Essen zu bleiben.
Jan **ordered** the children to be quiet.
Jan befahl den Kindern still zu sein.
Can you **remind** me to phone John?
Kannst du mich daran erinnern, John anzurufen?
The policeman **told** her to move the car.
Der Polizist sagte ihr, sie solle das Auto wegfahren.
They don't **allow** visitors to take photos.
Sie erlauben es den Besuchern nicht, Fotos zu machen.
Can you **help** me to do the washing-up?*
Kannst du mir helfen, das Geschirr zu spülen?

* Nach **help** kann auch der Infinitiv ohne **to** stehen:
She helped her husband do the dishes.

Die deutsche Übersetzung der Sätze mit **would like/love, hate, prefer** und **want** enthält einen Nebensatz (mit „dass" oder „wenn"). Im Englischen darf nach diesen Verben **kein** Nebensatz stehen.

24 Die *-ing*-Form

John is **watching** television.	John sieht gerade fern.
I like **cooking**.	Ich koche gern.
John walked into the room **smiling**.	Lächelnd betrat John den Raum.

1 Bildung

Von jedem Vollverb kann eine *-ing*-Form (*ing-form*) gebildet werden:

wait	►	waiting	go	►	going
be	►	being	try	►	trying
see	►	seeing	sing	►	singing
listen	►	listening			

Zur Bildung der *-ing*-Form wird an den Infinitiv die Endung -ing angehängt.

2 Besonderheiten bei der Schreibung

1 Ein stummes -e am Ende fällt weg.

live	►	living
smoke	►	smoking
write	►	writing

2 Ein einzelner Konsonant nach einem kurzen, betonten Vokal wird verdoppelt.

swim	►	swimming
run	►	running
shop	►	shopping
get	►	getting
begin	►	beginning
prefer	►	preferring

3 Ein -ie am Ende wird zu -y-.

lie	►	lying
die	►	dying

4 Ausnahmen im britischen Englisch: Das -l am Ende wird verdoppelt.

travel	►	travelling
dial	►	dialling

3 Funktion

Je nach Funktion im Satz wird die *-ing*-Form als Partizip Präsens (*present participle*) oder Gerundium (*gerund*) bezeichnet.

1 *-ing*-Form = *present participle*

Das *present participle* wird zur Bildung der Verlaufsform (*continuous form*) in den verschiedenen Zeitformen verwendet.

I am **reading.**	Ich lese.
John was **waiting.**	John wartete.

Das *present participle* kann auch ein Nomen näher beschreiben (als Adjektiv).

There were a lot of **screaming** children at the playground.	Es waren viele **schreiende** Kinder auf dem Spielplatz.
His behaviour is **shocking**.	Sein Verhalten ist **schockierend**.

Das *present participle* kann anstelle eines Relativsatzes im *present continuous* oder *past continuous* stehen.

The man **driving** the car did not see the traffic light. (= The man **who was driving** the car ...)	Der Mann, **der fuhr**, sah die Ampel nicht.
The dog **running** down the road belongs to my neighbour. (= The dog **which is running** down the road ...)	Der Hund, **der** die Straße **hinunterläuft**, gehört meinem Nachbarn.

2 *-ing*-Form = *gerund*

Das Gerundium hat die Funktion eines Nomens. Es kann wie ein Nomen als Subjekt oder Objekt eines Satzes stehen.

I like **dancing**.	Ich tanze gern.
Dancing is fun.	Tanzen macht Spaß.

25 Gerundium

John goes **swimming** on Friday evening.
John geht jeden Freitag schwimmen.
Camping is a good way to spend a holiday.
Camping ist eine gute Art, den Urlaub zu verbringen.
I am sorry for not **writing** to you earlier.
Es tut mir leid, dir nicht früher geschrieben zu haben.
They were worried about not **finding** the hotel.
Sie machten sich Sorgen, das Hotel nicht zu finden.

1 Funktion

In der Funktion eines Nomens (noun) wird das Gerundium verwendet:

1 als Subjekt:

Subject = Gerund	*Subject = Noun*
Travelling is fun. Reisen macht Spaß.	**Holidays** are fun. Urlaub macht Spaß.
Smoking is bad for your health. Rauchen ist schlecht für die Gesundheit.	**Cigarettes** are bad for your health. Zigaretten sind schlecht für die Gesundheit.

2 als Objekt nach bestimmten Verben:

Object = Gerund	*Object = Noun*
I like **reading**. Ich lese gern.	I like **books**. Ich mag Bücher.
Sheila enjoys **dancing**. Sheila tanzt gern.	She enjoys **parties**. Sie geht gern auf Parties.

3 nach Präpositionen:

Preposition + Gerund	*Preposition + Noun*
Bob is interested **in joining** a football club. Bob ist daran interessiert, einem Fußballverein beizutreten.	He is interested **in sport**. Er interessiert sich für Sport.
I'm good **at explaining** grammar. Ich bin gut im Erklären von Grammatik.	I'm good **at English**. Ich bin gut in Englisch.
She left **without taking** her keys. Sie ging, ohne ihre Schlüssel mitzunehmen.	She left **without her keys**. Sie ging ohne ihre Schlüssel.

2 Gerundium als Objekt nach bestimmten Verben

Nach folgenden Verben kann das Gerundium stehen:
begin*, can't stand, continue*, enjoy, give up, hate*, imagine, keep (on), like*, love*, mind, miss, prefer*, start*, stop, suggest

I **like** travelling to foreign countries.
Ich reise gern in fremde Länder.
I **can't stand** waiting for people.
Ich ertrage es nicht, auf Leute zu warten.
Keep (on) talking, I'm listening.
Rede weiter, ich höre zu.
You should **give up** smoking.
Du solltest mit dem Rauchen aufhören.
My friend **suggested** going to the theatre.
Mein Freund schlug vor, ins Theater zu gehen.
I don't **mind** lending you $ 500.
Es macht mir nichts aus, dir $500 zu leihen.
I **miss** hearing your voice.
Ich vermisse es, deine Stimme zu hören.
I **keep** telling him that he should inform his boss.
Ich sage ihm immer wieder, dass er seinen Chef informieren sollte.
Can you **imagine** earning a million dollars a year?
Kannst du dir vorstellen, eine Million Dollar im Jahr zu verdienen?
I **enjoy** cooking, but I **hate** washing up.
Ich koche gern, aber ich hasse es abzuwaschen.

*Nach diesen Verben kann auch der Infinitiv mit to verwendet werden, z.B.:

I like **reading**. / I like **to read**.	Ich lese gern.
John hates **driving**. / John hates **to drive**.	John hasst es zu fahren.
We prefer **waiting**. / We prefer **to wait**.	Wir warten lieber.

Beachten Sie bitte, dass nach would like, would love, would hate und would prefer nur der Infinitiv stehen kann:

I would like **to go** home now.
Ich würde jetzt gern nach Hause gehen.
I would love **to take** a hot bath.
Ich würde gern ein heißes Bad nehmen.
We would hate **to live** in a big city.
Wir könnten es nicht ertragen, in einer Großstadt zu wohnen.
We would prefer **to come** back tomorrow.
Wir würden lieber morgen zurückkommen.

3 Gerundium nach Präpositionen

Die Präposition, auf die das Gerundium folgt, kann mit einem Adjektiv, einem Verb oder einem Nomen verbunden sein. Sie kann auch allein stehen.

I'm good **at** swimming.
Ich bin gut beim Schwimmen.
She complains **about** having too much work.
Sie beklagt sich darüber, zu viel arbeiten zu müssen.
There is no reason **for** shouting.
Es gibt keinen Grund zu schreien.
What's the advantage **of** flying?
Was ist der Vorteil des Fliegens?
She left **without** saying goodbye.
Sie ging, ohne auf Wiedersehen zu sagen.

1 Gerundium nach Adjektiv + Präposition

Nach folgenden Wendungen kann das Gerundium stehen: be bad at, be disappointed about, be famous for, be fond of, be good at, be interested in, be sick/tired of, be sorry about/for, be/get used to, be worried about.

Peter is **interested in** studying art.
Peter interessiert sich für ein Kunststudium.
We are **fond of** travelling by train.
Wir reisen gern mit dem Zug.
She is **tired of** working at night.
Sie ist es leid nachts zu arbeiten.
I am not **used to** getting up early.
Ich bin nicht gewohnt früh aufzustehen.
I'm **sorry for** waking you up.
Tut mir Leid, wenn ich dich geweckt habe.

2 Gerundium nach Verb + Präposition

Nach folgenden Verben kann das Gerundium stehen: apologize for, believe in, complain about, dream of/about, look forward to, succeed in, talk about/of, think about, worry about.

He **apologized for** being late.
Er entschuldigte sich für sein Zuspätkommen.

> **She succeeded in getting the job.**
> Es gelang ihr, die Arbeitsstelle zu bekommen.
> **Are you thinking of leaving your job?**
> Denkst du darüber nach, deine Arbeitsstelle aufzugeben?
> **Don't worry about missing the train.**
> Mach dir keine Sorgen, den Zug zu verpassen.
> **We look forward to seeing you soon.**
> Wir freuen uns, euch bald wiederzusehen.

3 Gerundium nach allein stehenden Präpositionen

Nach den Präpositionen **after, before, by, instead of** und **without** kann das Gerundium stehen.

> **After getting up, Sarah made breakfast.**
> Nach dem Aufstehen machte Sarah Frühstück.
> **She finished the work before leaving the house.**
> Sie beendete die Arbeit vor dem Verlassen des Hauses.
> **Do you believe in learning by doing?**
> Was halten Sie von „Learning by doing"?
> **Marc went to the swimming-pool instead of doing his homework.**
> Anstatt seine Hausaufgaben zu machen ging Marc ins Schwimmbad.
> **He parked his car without turning off the lights.**
> Er parkte seinen Wagen, ohne die Lichter auszumachen.

26 *Phrasal verbs*

Phrasal verbs bestehen aus einem Verb und einer Präposition oder einem Adverb.
Das *phrasal verb* hat immer eine andere Bedeutung als das Verb allein. Der Unterschied kann klein oder groß sein (ähnlich wie im Deutschen „bringen", „heimbringen", „umbringen"), z.B:

look (schauen)	
look at (anschauen)	sehr ähnliche Bedeutung
look for (suchen)	verwandte Bedeutung
look after (sorgen für)	ganz andere Bedeutung

1 *Phrasal verb* = Verb + Präposition

Look at the book!
Schau ins Buch!
She is **looking after** her neighbour's children.
Sie kümmert sich um die Nachbarskinder.
They **looked for** an English restaurant.
Sie suchten ein englisches Restaurant.
I **came across** an interesting word in the newspaper.
Ich bin in der Zeitung auf ein interessantes Wort gestoßen.

Beachten Sie bitte:

1 die Fragebildung:

What are you **looking at**?
Was glotzen Sie so?
Where did you **come across** this word?
Wo bist du auf dieses Wort gestoßen?
Who are you **looking after**?
Um wen kümmerst du dich?

Die Präposition steht nach dem Verb.

2 die Stellung des Pronomens:

I came across **it** in the paper.	Ich bin in der Zeitung darauf gestoßen.
I'm looking at **them**.	Ich sehe sie an.

Das Pronomen steht nach der Präposition.

2 *Phrasal verb* = Verb + Adverb

Es gibt zwei mögliche Satzmuster, wenn auf ein Verb + Adverb ein Objekt folgt:

Shut up!	Halt die Klappe!
When the police came, the boys **ran away**.	Als die Polizei kam, rannten die Jungs weg.
What time did you **get up**?	Wann seid ihr aufgestanden?
Why don't you **sit down**?	Warum setzt du dich nicht?

Das Objekt kann entweder nach dem Adverb oder zwischen Verb und Adverb stehen.

She told off the children.	She told the children off.

Sie schimpfte mit den Kindern.

I forgot to turn on the light.	I forgot to turn the light on.

Ich vergaß, das Licht anzumachen.

Come in and take off your coat.	Come in and take your coat off.

Komm rein und zieh deinen Mantel aus.

She has got on a blue dress.	She has got a blue dress on.

Sie trägt ein blaues Kleid.

Ist das Objekt ein Pronomen (**it, them** etc.), gibt es jedoch nur eine Möglichkeit:

She told them off.	Sie schimpfte mit ihnen.
I didn't turn it off.	Ich hab es nicht ausgemacht.
Take it off.	Zieh es aus.
She has got it on.	Sie hat es angezogen.

Das Pronomen muss zwischen Verb und Adverb stehen.

Nomen und Artikel

1 Grundsätzliches

Ein Nomen (auch: Substantiv, Hauptwort; **noun**) ist ein Name für eine Person oder eine Sache. Diese kann konkret (zum Anfassen) sein wie **neighbour, house, coast** oder abstrakt wie **idea, love**.

My neighbour showed me a photo of his house on the coast.
Mein Nachbar zeigte mir ein Foto seines Hauses an der Küste.

That's a good idea.
Das ist eine gute Idee.

Im Englischen werden nur Eigennamen (*proper nouns*), z.B. John oder Scotland sowie Monate, Tage und Sprachen großgeschrieben:

Is **John** from **Scotland**?
Kommt John aus Schottland?

On **Monday** I go to my **English** class.
Am Montag gehe ich zum Englischkurs.

My birthday is in **April**.
Ich habe im April Geburtstag.

Bei den Nomen unterscheidet man zwischen zählbaren (*countable*) und unzählbaren (*uncountable*). Unzählbare Nomen wie air oder health haben keine Pluralform (Mehrzahlform):

The **air** in the **mountains** is very good. Die Luft in den Bergen ist sehr gut.

uncountable *countable*

Der bestimmte Artikel (*definite article*) zu allen Nomen ist the. Es wird im Englischen nicht zwischen „der", „die" und „das" unterschieden: (► S. 89 *ff.*)

the mountain	der Berg
the house	das Haus
the coast	die Küste

2 Plural der Nomen

Zählbare Nomen haben eine Pluralform (*plural*). Bei der regelmäßigen Pluralbildung wird an die Singularform (Einzahlform; *singular*) des Nomens ein -s angehängt: a table, two sofa**s**, three chair**s**, four cat**s**.

There are two **cats** and three **chairs** in the living room.
Im Wohnzimmer sind zwei Katzen und drei Stühle.

1 Besonderheiten bei der Schreibung

1 Endet das Nomen auf -s, -sh, -ch oder -x, also auf einen Zischlaut, wird -es angehängt.

two glass**es**
three wish**es**
some watch**es**
a lot of box**es**

2 Endet ein Nomen auf Konsonant + y, wird -y zu -ie-.

secretary/secretar**ies**
story/stor**ies**
lady/lad**ies**

Beachten Sie bitte, dass Nomen, die auf Vokal + y enden, ihre Schreibweise nicht ändern: boy/boys; day/days.

3 Viele Nomen, die auf -f(e) enden, haben die Pluralendung -ves.

shelf/shelv**es**
wife/wiv**es**
life/liv**es**
knife/kniv**es**

Beachten Sie bitte einige Ausnahmen: roof/roofs; chef/chefs; dwarf/dwarfs.

4 Bei Nomen, die auf -o enden, gibt es zwei Gruppen: solche mit regelmäßiger Pluralform und solche mit der Pluralendung -es.

stereo/stereos	potato/potato**es**
radio/radios	tomato/tomato**es**
kilo/kilos	hero/hero**es**
piano/pianos	

2 Aussprache

Die Aussprache der -s-Endung richtet sich nach dem vorangehenden Laut. Die -s-Endung wird auf drei verschiedene Arten ausgesprochen:

1	2	3
Nach stimmlosen Lauten ([f], [k], [p] und [t]) spricht man wie im Deutschen [s].	Anders als im Deutschen spricht man nach allen stimmhaften Lauten [z].	Nach Zischlauten ([s], [z], [ʃ] und [ʒ]) muss man [ɪz] sprechen, damit man die
chefs [ʃefs]	peas [pɪ:z]	glasses ['gla:sɪz]
lamps [læmps]	jobs [dʒɒbz]	boxes ['bɒksɪz]
books [bʊks]	eggs [egz]	bookcases ['bʊkkeɪsɪz]
cats [kæts]	telephones ['telɪfəʊnz]	matches ['mætʃɪz]
cakes [keɪks]	chairs [tʃeəz]	oranges ['ɒrɪndʒɪz]
	shelves [ʃelvz]	

3 Unregelmäßige Pluralformen

Nur wenige Wörter haben eine unregelmäßige Pluralform im ‚Englischen. Hier die wichtigsten:

child/children	penny/pence
foot/feet	person/people
man/men	tooth/teeth
mouse/mice	woman/women

3 Mengenangaben mit *of*

Mengenangaben stehen im Englischen mit of.

> Would you like a **cup of tea**?
> Möchtest du eine Tasse Tee?
> We need a **litre of milk** and **half a pound of butter**.
> Wir brauchen einen Liter Milch und ein halbes Pfund Butter.

Hier sind die häufigsten Mengenangabe:

a bottle of wine	a glass of wine
a can/tin of beans	fifty grammes (GB) / grams (US) of sugar
a carton of milk	a jar of marmalade
a case/crate of beer	a kilo of tomatoes
a cup of coffee	(half) a litre of milk
a gallon of gas (US)	a loaf of bread
half a gallon of milk (US)	a pack (US) / packet (GB) of cigarettes

a packet of rice	a quarter (pound) of mushrooms
a (half-)pint of cider	a slice of cheese
(half) a pound of apples	Aber: a dozen eggs

4 *s*-Genitiv und *of*-Fügung

Mit dem -*s*-Genitiv (*s-genitive*) und der *of*-Fügung (*of-phrase*) drückt man ein Besitzverhältnis aus.

What colour is Mary**'s** bicycle?
Welche Farbe hat Marys Fahrrad?
What's the name **of the street**?
Wie heißt die Straße?

2 *s*-Genitiv

Die Aussprache des Genitiv-s ist wie beim Plural-s. (► S. 86)

It's Paula'**s** [z] car.
Es ist Paulas Auto.
Alic**e's** [ɪz] husband works for an airline.
Alice' Ehemann arbeitet für eine Fluglinie.
My wife'**s** [s] boss is from Ireland.
Der Chef meiner Frau kommt aus Irland.
The Brown**s'** [z] new kitchen is very modern.
Die Küche der Browns ist sehr modern.
We can stay at my parent**s'** [s] house.
Wir können bei meinen Eltern übernachten.

Das -s zeigt den Besitz an und wird für Personen verwendet.
Bei Eigennamen und Nomen im Singular hängt man an das Wort Apostroph + s an. Endet das Nomen im Plural bereits auf -s (wie zum Beispiel beim regelmäßigen Plural), wird kein zweites -s angehängt, sondern nur ein Apostroph.

Beachten Sie bitte folgende Besonderheiten:

1 An die unregelmäßigen Pluralformen (die nicht auf -s enden) wird Apostroph + s angehängt.

The **children's** teacher is very nice.
Der Lehrer der Kinder ist sehr nett.

2 Bilden zwei Eigennamen eine Einheit (Lynn und Robert), wird nur ein -s an das letzte Wort angehängt.

Lynn and Robert's daughter speaks German.
Die Tochter von Lynn und Robert spricht Deutsch.

Aber: I like **Beethoven**'s and **Mozart**'s music.
Ich mag (die Musik von) Mozart und Beethoven.

3 Bei der Bezeichnung von Geschäften, öffentlichen Gebäuden, Privathäusern oder -wohnungen etc. wird das Nomen nach dem *s*-Genitiv normalerweise weggelassen.

She went to **the baker's**. (= the baker's shop)
Sie ging zum Bäcker.
We spent the weekend at **my sister's**. (= my sister's house/flat)
Wir haben das Wochenende bei meiner Schwester verbracht.
I met Mary at **the Millers'**. (= the Millers' house/flat)
Ich bin Mary bei den Millers begegnet.
Why don't you go to **the doctor's**? (= the doctor's office)
Warum gehen Sie nicht zum Arzt?

2 *of*-Fügung

Die of-Fügung wird für Sachen verwendet.

What's the phone number **of the hotel**?
Wie lautet die Telefonnummer des Hotels?
Sally fell asleep at the beginning **of the film**.
Gleich zu Beginn des Films schlief Sally ein.
The doors **of the house** are open.
Die Türen des Hauses sind offen.
She likes the sound **of his voice**.
Sie mag den Klang seiner Stimme.

Beachten Sie bitte auch die Verwendung von of bei Mengenangaben:

a cup **of** tea with a lump **of** sugar and a lot **of** milk
eine Tasse Tee mit einem Stück Zucker und viel Milch
(► S. 86 *f.*)

5 Artikel

Im Englischen unterscheidet man zwei Arten von Artikeln (auch: Geschlechtswörter oder Begleiter; *articles*), nämlich den unbestimmten Artikel a/an (*indefinite article*) und den bestimmten Artikel the (*definite article*).

Can I borrow a pen?	Kann ich mir einen Stift ausleihen?
You can use the pen on the table.	Du kannst den Stift auf dem Tisch benutzen.

1 Unbestimmter Artikel: Formen

A verwendet man vor gesprochenem Konsonanten (z.B. b, d, f, m, n, s, t, w).

a book
a man
a woman

An verwendet man vor gesprochenem Vokal (a, e, i, o, u).

an apple
an orange
an umbrella

Beachten Sie bitte die Verwendung von a bzw. an in diesen Fällen:

a book	an interesting book
an apple	a big apple

Ob a oder an verwendet wird, hängt immer von der Aussprache des folgenden Wortes ab. Deshalb auch die folgenden Besonderheiten:

1 A steht vor Wörtern mit u, die mit [juː] gesprochen werden, und vor Zusammensetzungen mit one [wʌn].

a university [ə juːnɪ'vɜːsətɪ]
a unit [ə 'juːnɪt]
a uniform [ə 'juːnɪfɔːm]
a one-hour trip [ə wʌn'aʊə trɪp]

2 An steht vor bestimmten Wörtern mit h, bei denen das h nicht gesprochen wird.

an hour [ən 'aʊə]
an honest man [ən 'ɒnɪst mæn]
an honour [ən 'ɒnə]

2 Unbestimmter Artikel: Gebrauch

Der unbestimmte Artikel wird im Allgemeinen wie im Deutschen für eine unbestimmte einzelne Sache oder Person verwendet.

Can I have **a** cup of coffee, please?
Kann ich bitte eine Tasse Kaffee bekommen?
There's **a** newspaper on the table.
Es liegt eine Zeitung auf dem Tisch.
The film was about **an** actress and her daughter.
Der Film handelte von einer Schauspielerin und ihrer Tochter.

Wenn man jedoch betonen will, dass man nur **eine** Sache oder Person meint und nicht zwei oder mehr, dann sagt man im Englischen **one** und nicht **a**:

You only need **one** egg for this recipe, not two.
Für dieses Rezept benötigen Sie nur ein Ei, nicht zwei.
There was **one** man and ten women in the room.
Im Raum befanden sich ein Mann und zehn Frauen.

Beachten Sie bitte folgende Abweichungen vom Deutschen:

1 A/An verwendet man bei Angaben zu Beruf, Nationalität oder Religion.

He's **a** teacher.
Er ist Lehrer.
My daughter wants to become **a** doctor.
Meine Tochter möchte Ärztin werden.
Karen is **an** American.
Karen ist Amerikanerin.
Is Mrs O'Brien **a** Catholic or **a** Protestant?
Ist Frau O'Brian katholisch oder evangelisch?

2 A/An verwendet man in der Bedeutung von „pro".

The apples are thirty pence **a** pound.
Die Äpfel kosten 30 Pence das Pfund.
Our rent is $ 500 **a** month.
Unsere Miete beträgt $500 im Monat.
We go on holiday once **a** year.
Wir fahren einmal im Jahr in Urlaub.

3 Bestimmter Artikel: Aussprache

1 The vor Konsonanten spricht man [ðə] (z.B. b, d, f, l, m, n, r, t, w).

the [ðə] dog
the [ðə] woman
the [ðə] red apple
the [ðə] new umbrella

2 The vor Vokalen spricht man [ðɪ] (a, e, i, o, u).

the [ðɪ] apple
the [ðɪ] umbrella
the [ðɪ] old man
the [ðɪ] English newspaper

	[ðə]	[ðɪ]
Beachten Sie bitte die Aussprache von **the** vor Wörtern mit **u** [jʊː], **one** [wʌn] und stummem **h**:	the university	the hour
	the unit	the honest man
	the one-million dollar bill	the honour

Ob **the** [ðə] oder [ðɪ] gesprochen wird, hängt von der **Aussprache** (nicht der Schreibung) des folgenden Wortes ab.

4 Bestimmter Artikel: Gebrauch

Der bestimmte Artikel heißt im Englischen immer **the** und wird im Allgemeinen wie im Deutschen für bestimmte Personen oder Dinge verwendet.

The woman in **the photo** is Lynn.
Die Frau auf dem Foto ist Lynn
The man is her husband.
Der Mann ist ihr Ehemann.
The children are not in **the photo**.
Die Kinder sind nicht auf dem Bild.
Can you pass me **the sugar**, please?
Kannst du mir bitte den Zucker reichen?

Beachten Sie bitte folgende Besonderheit im Englischen:

I've broken **my** arm.
Ich habe **den** Arm gebrochen.
Sally nodded **her** head.
Sie nickte mit **dem** Kopf.

⚠ Bei Körperteilen verwendet man im Englischen die Possessivbegleiter (*possessive adjectives*). (► S. 106 *ff.*)

5 Kein Artikel

Abweichend vom Deutschen steht in folgenden Fällen kein bestimmter Artikel:

1 Bei abstrakten Nomen, die allgemein gebraucht werden, steht im Englischen kein bestimmter Artikel (z.B. life, love, death, heaven, hell, nature, society, history, literature, (un)employment etc.).

Life is always too short.
Das Leben ist immer zu kurz.
History repeats itself.
Die Geschichte wiederholt sich.
Unemployment is a serious problem.
Die Arbeitslosigkeit ist ein ernstes Problem.

2 Bei Institutionen steht kein bestimmter Artikel (z.B. school, university, work, hospital, church etc.).

Does your son go **to school** yet?
Geht euer Sohn schon zur Schule?
What time do you arrive **at work**?
Um wieviel Uhr kommen Sie zur Arbeit?
I'll see you **at church** on Sunday.
Bis Sonntag in der Kirche!
How long were you **in hospital**?
Wie lange warst du im Krankenhaus?
Their daughter wants to go **to university** in Germany.
Ihre Tochter möchte eine Universität in Deutschland besuchen.

3 Bei Mahlzeiten im allgemeinen Sinn steht kein bestimmter Artikel (breakfast, lunch, dinner, supper, coffee, tea etc.).

We went for a walk **after lunch**.
Wir sind nach dem Mittagessen spazieren gegangen.
He put on a clean T-shirt **before dinner**.
Vor dem Essen zog er sich ein sauberes T-Shirt an.
Breakfast is from 6.30 to 10.30 am.
Frühstück wird von 6.30 bis 10.30 Uhr serviert.
Coffee is served in the lounge.
Der Kaffee wird in der Lounge serviert.

4 Bei Transportmitteln nach **by** steht kein bestimmter Artikel (**bicycle, boat, bus, car, coach, plane, ship, train** etc.).

We travelled **by plane**.
Wir sind mit dem Flugzeug gereist.
The best way to go is **by train**.
Am besten fährt man mit dem Zug.
She goes to work **by bus**.
Sie fährt mit dem Bus zur Arbeit.

Beachten Sie bitte die Verwendung des bestimmten Artikeln, wenn das Nomen näher bestimmt wird oder wenn eine konkrete, bekannte Sache gemeint ist:

She knows a lot about **the** history of the American Indians.
Sie weiß eine Menge über die Geschichte der amerikanischen Indianer.
The death of her dog upset her.
Der Tod ihres Hundes hat sie erschüttert.
Her mother is waiting outside **the** school.
Ihre Mutter wartet draußen vor der Schule.
There's a very old statue in **the** church.
In der Kirche steht eine sehr alte Statue.

6 Eigennamen mit und ohne bestimmtem Artikel

Die meisten Eigennamen von Gebäuden Straßen, Plätzen, Bergen, Seen, Ländern etc. stehen im Englischen ohne Artikel.

We visited **Buckingham Palace**.
Wir haben den Buckingham-Palast besichtigt.
There are lots of pigeons **in Trafalgar Square**.
Auf dem Trafalgar Square gibt es viele Tauben.
We live **in Park Avenue**.
Wir wohnen in der Park Avenue.
Chicago is **on Lake Michigan**.
Chicago liegt am Michigansee.
Robert wants to climb **Mount Everest**.
Robert möchte den Mount Everest besteigen.
Switzerland has wonderful mountains.
Die Schweiz hat wunderbare Berge.

Beachten Sie bitte, dass nur wenige Eigennamen mit dem bestimmten Artikel verwendet werden:

the Clintons / the Browns
the United States
the Alps / the Rocky Mountains
the Thames / the Rhine / the Mississippi
the Atlantic (Ocean) / the Mediterranean (Sea) / the Caribbean (Sea)

Mit dem bestimmten Artikel stehen Eigennamen im Plural sowie Namen von Flüssen, Gebirgen und Meeren.

Weiterhin steht **the** auch bei **the White House** und **the Mall**.

Adjektive

1 Grundsätzliches

Adjektive (auch: Eigenschaftswörter, Wiewörter; *adjectives*) werden gebraucht, um Eigenschaften einer Person, einer Sache, eines Zustandes, eines Verhaltens etc. näher zu beschreiben.

It's a **beautiful** day.	Es ist ein schöner Tag.
My cat is **lazy**.	Meine Katze ist faul.

2 Stellung und Form der Adjektive

Genau wie im Deutschen stehen Adjektive entweder vor dem Nomen oder nach einer Form von **be**. Anders als im Deutschen sind Adjektive im Englischen unveränderlich.

the **big** building	das **große** Gebäude
an **old** car	ein **altes** Auto
a **new** coat	ein **neuer** Mantel
two **empty** bottles	zwei **leere** Flaschen
three **happy** children	drei **glückliche** Kinder

The building is **big**.	Das Gebäude ist **groß**.
It's **old**.	Es ist **alt**.
The children are **happy**.	Die Kinder sind **glücklich**.

Beachten Sie bitte, dass Adjektive, die die Nationalitäten bezeichnen, im Englischen immer großgeschrieben werden:

an English newspaper, an Irish pub, a German car

3 Steigerung der Adjektive

Von Adjektiven kann man zwei Steigerungsformen bilden: den Komparativ (*comparative*), z.B. younger, more modern und den Superlativ (*superlative*), z.B. youngest, most modern.

Sarah is young. Sarah ist jung.	Peter is **younger**. Peter ist jünger.	Bobby is the **youngest**. Bobby ist der Jüngste.

Carl's house is modern.
Carls Haus ist modern.

Chloe's house is **more modern**.
Chloes Haus ist moderner.

Charles and Cheryl's house is **the most modern**.
Das Haus von Charles und Cheryl ist am modernsten.

1 Formen

Im Englischen gibt es zwei Arten der Steigerung (-er/-est und more/most). Welche Art man verwendet, hängt von der Länge des Adjektivs ab.

1 Einsilbige Adjektive

Einsilbige Adjektive werden auf -er und -est gesteigert (z.B. cold – colder – coldest).

Ein -e am Ende fällt weg (z.B. nice – nicer – nicest).

Nach einem kurzen Vokal wird ein einzelner Endkonsonant verdoppelt (z.B. big – bigger – biggest). Ein -y am Ende wird zu -i- (z.B. dry – drier – driest).

Adjective	*Comparative*	*Superlative*
cold	colder	the coldest
nice	nicer	the nicest
small	smaller	the smallest
big	bigger	the biggest
dry	drier	the driest

2 Zweisilbige Adjektive

Zweisilbige Adjektive auf -y und -le werden auf -er und -est gesteigert. Alle anderen zweisilbigen Adjektive werden mit more/most gesteigert.

Adjective	*Comparative*	*Superlative*
happy	happier	the happiest
simple	simpler	the simplest
modern	more modern	the most modern
careful	more careful	the most careful
polite	more polite	the most polite

Beachten Sie bitte, dass einige weitere zweisilbige Adjektive ebenfalls auf -er/-est gesteigert werden:

Adjective	*Comparative*	*Superlative*
clever	cleverer	the cleverest
narrow	narrower	the narrowest
quiet	quieter	the quietest

3 Drei- und mehrsilbige Adjektive

Alle Adjektive mit drei und mehr Silben werden mit more/most gesteigert.

Adjective	*Comparative*	*Superlative*
expensive	more expensive	the most expensive
difficult	more difficult	the most difficult
interesting	more interesting	the most interesting

4 Unregelmäßige Steigerungsformen

Einige Adjektive werden unregelmäßig gesteigert.

Adjective	*Comparative*	*Superlative*
good	better	the best
bad	worse	the worst
a lot (of) / much/many	more	the most
(a) little	less	the least
far	further/farther	the furthest/farthest

Beachten Sie bitte die zwei unterschiedlichen Steigerungsformen von **far**:

The White Horse Pub is farther/ further from here than the King's Arms Pub.	Der White House Pub ist von hier aus weiter entfernt als der King's Arms Pub.
Phone me if you need any further information.	Rufen Sie mich an, wenn Sie weitere Auskünfte benötigen.

Für Entfernungen kann man wahlweise **farther** oder **further** verwenden. Im (übertragenen) Sinne von „zusätzliche/r/s" ist nur **further** möglich.

Doug has a lot of money.

Donald has more money.

Sheikh Duck Ben Ali has the most money.

2 Gebrauch der Steigerungsformen

Comparative

New York is bigger than Washington.
New York ist größer als Washington.

A Mercedes is more expensive than a Ford.
Ein Mercedes ist teurer als ein Ford.

Mary and Laura are both good skaters, but Laura is better.
Mary und Laura sind beide gute Eisläufer, aber Laura ist besser.

Der Komparativ (*comparative*) wird verwendet, wenn man zwei Dinge, Personen oder Gruppen vergleichen will. Man verwendet dann than (z.B. **bigger than** = größer als).

Superlative

Mount Everest is the highest mountain in the world.
Der Mount Everest ist der höchste Berg der Welt.

Which is the most exciting film that you have ever seen?
Welches ist der aufregendste Film, den du jemals gesehen hast?

The elephants are the most popular animals in the zoo.
Die Elefanten sind die beliebtesten Tiere im Zoo.

Der Superlativ (*superlative*) wird verwendet um mehrere Dinge, Personen oder Gruppen miteinander zu vergleichen. Der Superlativ drückt die Höchststufe aus.

⚠ Die Verwendung der Pronomen nach **than** ist anders als im Deutschen:

She was more tired than **me**.
Sie war müder als ich.
They were later than **us**.
Sie kamen später als wir.

Nach **than** stehen Objektpronomen. (► S. 100 *f.*, S. 103 *f.*)

3 Andere Vergleiche

1 Less / the least

Der Vergleich kann auch mit **less** (weniger) angestellt werden.
Im Superlativ verwendet man dann **the least** (am wenigsten).

The book was more interesting than the film. The film was **less** interesting than the book. I go to the cinema **less** often now than I used to.
Das Buch war interessanter als der Film. Der Film war weniger interessant als das Buch. Ich gehe jetzt weniger oft ins Kino als früher.
The most interesting article was the one about Scotland and **the least** interesting was the one about Ireland.
Der interessanteste Artikel war über Schottland und der am wenigsten interessante war über Irland.

2 The bigger ... the better

„Je … desto/umso …“ wird im Englischen mit **the ... the ...** wiedergegeben.

> **The older** that cat gets, **the lazier** it becomes.
> Je älter die Katze wird, desto fauler wird sie.
> **The more important** the manager, **the bigger** his office.
> Je wichtiger der Manager, desto größer sein Büro.

3 (Not) as ... as

As ... as (so … wie) und **not as ... as** (nicht so … wie) werden verwendet um zwei gleichartige Dinge zu vergleichen.

> Do you work **as** much **as** your husband?
> Arbeitest du so viel wie dein Mann?
> The second hotel was**n't as** good **as** the first.
> Das zweite Hotel war nicht so gut wie das erste.

Pronomen und Possessivbegleiter

1 Grundsätzliches

1 *Pronouns*

Das Pronomen (auch: Fürwort; *pronoun*) steht anstelle eines Nomens (*noun*). Der deutsche Ausdruck „Für-wort“ drückt dies genauso aus wie „Pro-nomen“ und *„pro-noun“*. Man verwendet Pronomen, damit man den Namen einer bestimmten Person oder Sache nicht wiederholen muss.

> **That**'s Sally. **She**'s 26.
> Dies ist Sally. Sie ist 26.
> I like **her**.
> Ich mag sie.
> Did **you** make the biscuits yourself?
> Hast du die Kekse selbst gebacken?
> Would **you** like one?
> Möchtest du einen?
> **It** isn't **mine**. It's **yours**.
> Es gehört mir nicht. Es gehört dir.

2 *Possessive adjectives*

Possessivbegleiter (*possessive adjectives*) stehen vor einem Nomen und zeigen an, wem etwas gehört.

That's **my** bicycle	Dies ist mein Fahrrad.
Do you like **your** job?	Mögen Sie ihre Arbeit?

2 Personalpronomen

Personalpronomen (*personal pronouns*) ersetzen Nomen oder Eigennamen. Sie können dabei anstelle des Subjekts oder Objekts des Satzes stehen.

Jim lives in Nashville. **He** works for a record company.
We visited **him** last year.
Jim lebt in Nashville. Er arbeitet für eine Plattenfirma.
Wir haben ihn letztes Jahr besucht.

- Where is the newspaper? – **It**'s on the table.

Wo ist die Zeitung? – Sie liegt auf dem Tisch.

1 Formen der Subjekt- und Objektpronomen

Subject pronouns		*Object pronouns*	
I	ich	me	mich/mir
you	du/Sie	you	dich/dir/Sie/Ihnen
he	er	him	ihn/ihm
she	sie	her	sie/ihr
it	er/sie/es	it	ihn/ihm/sie/ihr/es
we	wir	us	uns
you	ihr/Sie	you	euch/Sie/Ihnen
they	sie	them	sie/ihnen

You see **him**.	Du siehst ihn.
We write **it**.	Wir schreiben es.
They visit **me**.	Sie besuchen mich. (► S. 9 *f.*)

2 Gebrauch der Subjektpronomen

Subjektpronomen ersetzen das Subjekt des Satzes.
Sie beantworten die Frage „Wer oder was?“. (► S. 9 *f.*)

My name is Glenda. I'm from Glasgow.
Ich heiße Glenda. Ich komme aus Glasgow.
Where are you from?
Woher kommst du?
This is Mr Hart. He's my neighbour.
Dies ist Herr Hart. Er ist mein Nachbar.
• Where is the milk? – It's in the refrigerator.
Wo ist die Milch? – Im Kühlschrank.

Beachten Sie bitte:

1 die Schreibweise von I (ich):

I wird immer großgeschrieben.

After work I sometimes go swimming.
Nach der Arbeit gehe ich manchmal schwimmen.

2 die Bedeutung von you:

You wird im Englischen für die direkte Anrede verwendet. You wird sowohl für die Anrede einer oder mehrerer Personen, die man duzt (du, ihr), als auch für die Höflichkeitsform für eine oder mehrere Personen (Sie im Singular und Plural) gebraucht.

Darling, where did you put my car keys? (you = du)
Schatz, wohin hast du meine Autoschlüssel getan?
What would you like to drink, sir? (you = Sie (Singular))
Was möchten Sie trinken, mein Herr?
Where are you, John and Susan? Can you come here for a minute? (you = ihr)
Wo seid ihr, John und Susan? Könnt ihr mal einen Moment herkommen?
Oh, Mr and Mrs Shell! You're back from your holiday. You look wonderful! (you = Sie (Plural))
Oh, Herr und Frau Shell! Sie sind aus Ihrem Urlaub zurück. Sie sehen wunderbar aus!

3 die Verwendung von he, she, it und they:

⚠ Anders als im Deutschen können sich he und she nur auf Personen beziehen. Für Dinge verwendet man it.

This is **Paul**. **He**'s Sarah's brother.
... Paul. Er ...
That's **Mrs Byrd**. **She** lives in the same house.
... Frau Byrd. Sie ...

Where is **the cup**? – **It**'s on the table.
... die Tasse? – Sie ...
Where is **the table**? – **It**'s in the kitchen.
... der Tisch? – Er ...
Do you like **the book**? – Yes, **it**'s nice.
... das Buch? – Es ...

Die Pluralform lautet für Personen und Dinge **they**.

Where are **the matches**? – **They** are on the shelf.
... die Streichhölzer? – Sie ...
Where are **Sally and David**? – **They** are in the garden.
... Sally und David? – Sie ...

Auch Tiere werden im Allgemeinen mit **it** bezeichnet, außer Haustiere, die einen Namen haben und zu denen der Sprecher eine persönliche Beziehung hat.

Where is **the mosquito**? – **It**'s on the lamp.
Wo ist die Mücke? – Sie sitzt auf der Lampe.

Look at that beautiful **bird**. **It**'s got red and yellow wings.
Schau dir den schönen Vogel an. Er hat rot-gelbe Flügel.
This is **my cat**. **He**'s called Felix.
Dies ist mein Kater. Er heißt Felix.

• What's the name of **your dog**? – **She**'s called Coco.
Wie heißt deine Hündin? – Sie heißt Coco.

2 die Wiedergabe des deutschen Pronomens „man“:

„Man“ wird im Englischen durch **you**, **one**, **they**, **we** oder **people** wiedergegeben. Am häufigsten wird **you** verwendet. **One** ist eher förmlich.

You never know. /
One never knows.
Man kann nie wissen.

They/ People say the winter will be very cold this year.
Man sagt/Es heißt, der Winter wird in diesem Jahr sehr kalt werden.
We/ You must never lose hope.
Man darf nie die Hoffnung verlieren.

3 Gebrauch der Objektpronomen

Do you know **her**? Can you give **me** her phone number?
Kennst du sie? Kannst du mir ihre Telefonnummer geben?
Come with **us**. We want to visit **him** in his new house.
Komm mit uns mit. Wir wollen ihn in seinem neuen Haus besuchen.

Objektpronomen werden gebraucht:

1 auf die Frage „Wen oder was?":

Do you love **me**?
Liebst du mich?
I saw **them** yesterday.
Ich habe ihn gestern gesehen.
I don't understand **it**.
Ich verstehe das nicht.

In diesen Fällen sind die Objektpronomen das direkte Objekt des Satzes. (► S. 10)

2 auf die Frage „Wem?":

He tells **them** a story every night.
Er erzählt ihm jeden Abend eine Geschichte.
You should send **him** a letter.
Du solltest ihm einen Brief schicken.

Die Objektpronomen sind hier indirektes Objekt. (► S. 10)

3 nach Präpositionen und than:

These flowers are **for her**.	Diese Blumen sind für sie.
Why don't you talk **to them**?	Warum sprichst du nicht mit ihnen?
Would you like to come **with us**?	Möchtest du mit uns kommen?
The book was written **by him**.	Er hat das Buch geschrieben.
He can run faster **than me**.	Er kann schneller laufen als ich.

⚠ Anders als im Deutschen wird im Englischen nicht zwischen „mich" und „mir", „dich" und „dir", „ihn" und „ihm" etc. unterschieden:

He visits me at the weekend. (me = mich)
Er besucht mich am Wochenende.
Sometimes he buys me flowers. (me = mir)
Manchmal kauft er mir Blumen.
I love you. (you = dich)
Ich liebe dich.
I want to help you. (you = dir)
Ich möchte dir helfen.
He phoned her. (her = sie)
Er rief sie an.
He told her about the plan. (her = ihr)
Er erzählte mit von seinem Plan.

4 Formen der Reflexivpronomen

Subject pronouns	*Reflexive pronouns*
I	myself
you	yourself (Singular)
he	himself
she	herself
it	itself
we	ourselves
you	yourselves (Plural)
they	themselves

Reflexivpronomen (auch: rückbezügliche Pronomen oder rückbezügliche Fürwörter; *reflexive pronouns*) im Englischen haben die Endung **-self** im Singular und **-selves** im Plural.

I often ask **myself** this question.
Diese Frage stelle ich mir oft selbst.
He taught **himself** to swim.
Er brachte sich das Schwimmen selbst bei.
They cooked for **themselves**.
Sie haben für sich gekocht.

5 Gebrauch der Reflexivpronomen

1 Mit Reflexivpronomen wird ausgedrückt, dass sich eine Handlung auf die ausführende Person (d.h. das Subjekt) bezieht.

I need some Band-Aid. I've cut **myself**.
Ich brauche Pflaster. Ich habe mich geschnitten.
We bought **ourselves** some great CDs.
Wir haben uns ein paar tolle CDs gekauft.
The children have washed **themselves**.
Die Kinder haben sich gewaschen.

Beachten Sie bitte: Verben mit Reflexivpronomen stehen meistens in dieser Form im Wörterbuch: wash o.s. sich waschen
Die Abkürzung o.s. steht für oneself und bedeutet „sich".

Did you enjoy yourselves at the party? Habt ihr euch auf der Party gut amüsiert?	enjoy oneself sich amüsieren
Don't wait for me to start. Help yourselves. Wartet nicht auf mich. Fangt schon an und bedient euch.	help oneself bedienen, sich nehmen
He fell off his bicycle and hurt/injured himself. Er stürzte vom Fahrrad und verletzte sich.	hurt oneself / injure oneself sich verletzen

⚠ Eine Reihe englischer Verben wird abweichend vom Deutschen ohne Reflexivpronomen verwendet:

They met at the pub.	Sie trafen sich im Pub.
How do you feel?	Wie fühlst du dich?

Dazu gehören: **apologize** (sich entschuldigen), **change** (sich (ver)ändern), **complain** (sich beschweren), **decide** (sich entscheiden), **imagine** (sich (etwas) vorstellen), **look forward to** (sich freuen auf), **meet** (sich treffen), **relax** (sich ausruhen, sich entspannen), **remember** (sich erinnern), **sit down** (sich setzen), **worry** (sich Sorgen machen, sich sorgen).

2 Reflexivpronomen werden auch verwendet, um etwas hervorzuheben.

I've made this cake myself.
Ich habe den Kuchen selbst gebacken.
Do it yourself.
Mach es selbst.
I don't agree myself.
Ich persönlich bin damit nicht einverstanden.

3 By + Reflexivpronomen heißt „allein".

She travelled by herself.
Sie reiste allein.
The car started moving by itself. (d.h. ohne Fahrer)
Das Auto bewegte sich von allein.

4 *Each other / one another*

Each other / one another bedeutet „sich" im Sinne von „einander", „sich gegenseitig". Themselves bedeutet „sich" im Sinne von „sich selbst".

They looked at each other.
Sie sahen einander an.

They looked at themselves.
Sie sahen sich an.

They always help one another.
Sie helfen stets einander.

They helped themselves.
Sie bedienten sich.

3 Possessivbegleiter und Possessivpronomen

Possessivbegleiter (*possessive adjectives*) und Possessivpronomen (*possessive pronouns*) zeigen an, wem etwas gehört.

Is this **your** car?	Ist dies Ihr Auto?
It isn't **my** car.	Es ist nicht mein Auto.
It isn't **mine**. It's **hers**.	Es gehört mir nicht. Es gehört ihr.

1 Formen

Subject pronouns	*Possessive adjectives*		*Possessive pronouns*	
I	my cat	meine Katze	mine	meine/r/s
you	your wife	deine/Ihre Frau	yours	deine/r/s, Ihre/r/s
he	his children	seine Kinder	his	seine/r/s
she	her job	ihr Beruf	hers	ihre/r/s
it	its food	sein/ihr Essen	–	
we	our family	unsere Familie	ours	unsere/r/s
you	your house	euer/Ihr Haus	yours	eure/r/s
they	their garden	ihr Garten	theirs	ihre/r/s

⚠ Anders als im Deutschen gibt es im Englischen für jede Person jeweils nur eine Form des Possessivbegleiters:

My wife is a doctor.
Meine Frau …
I go on holiday with my wife and my children.
… meiner Frau und meinen Kindern
This is my car.
… mein Auto
I am in my car.
… in meinem Auto
The doors of my car are open.
… meines Autos

2 Gebrauch der Possessivbegleiter

Possessivbegleiter stehen vor Nomen.

I can't find my book.
Ich kann mein Buch nicht finden.
Is that your new bicycle?
Ich das dein neues Fahrrad?
I work in a hotel. Its name is Hotel Four Seasons.
Ich arbeite in einem Hotel. Es heißt Hotel Vier Jahreszeiten.

Beachten Sie bitte:

1 die Verwendung von **its**:

Its bezieht sich auf Sachen im Singular. Im Deutschen wird es mit „sein/e“ oder „ihr/e“ wiedergegeben.

That's a good hotel. What's **its** address? ... (its = seine)
Dies ist ein gutes Hotel. Wie lautet seine Adresse?
What's the name of the school? And what's **its** phone number? (its = ihre)
Wie heißt die Schule? Und wie lautet ihre Telefonnummer?

2 die unterschiedlichen Entsprechungen des deutschen „Ihr/ihr“:

Übersicht:		
	Ihr = **your**	ihr (Singular: Sache) = **its**
	ihr (Singular: Frau) = **her**	ihr (Plural) = **their**

Is this **your** car, **Mrs Green**?
Ist dies ihr Auto, Frau Green?
Lynn is a teacher and **her** husband is a pilot.
Lynn ist Lehrerin, und ihr Mann ist Pilot.
These are **my parents** and that's **their** house.
Dies sind meine Eltern, und dies ist ihr Haus.
That's **a lovely town**. **Its** name is Ludlow.
Dies ist eine hübsche Stadt. Sie heißt Ludlow.

3 Gebrauch der Possessivpronomen

Possessivpronomen ersetzen Possessivbegleiter + Nomen. Sie werden verwendet, wenn man das Nomen nicht wiederholen möchte.

- Is that your bicycle? – No, it isn't **mine**. (= my bicycle)
Ist das dein Fahrrad? – Nein, es gehört mir.
There's a book on the table. Is it **yours**? (= your book)
Auf dem Tisch liegt ein Buch. Gehört es dir?

Beachten Sie bitte die Verwendung der Possessivpronomen in den folgenden Fällen:

He's a friend of **mine**/**yours**/**his**/**hers**.
(= one of my/your/his/her friends)
Er ist ein Freund von mir/dir/ihr/ihm.

We saw some neighbours of ours/yours/theirs.
(= some of our/your/their neighbours)
Wir haben Nachbarn von uns/euch/ihnen gesehen.

Possessivpronomen werden verwendet, wenn man über einen oder mehrere Freunde, Nachbarn etc. spricht.

4 *This/that, these/those*

This/That und these/those werden für Personen und Sachen verwendet.

Do you know that man?	Kennst du den Mann?
These doors won't open.	Diese Türen lassen sich nicht öffnen.

1 Funktion

This/that und these/those können allein (als Pronomen) oder vor einem Nomen (als Begleiter) stehen. Vor Nomen im Singular verwendet man this/that, vor Nomen im Plural these/those.

This is Helen.
Dies (hier) …
That is Andrew.
Das (dort) / Jenes …
These are my parents and those are their neighbours.
Dies (hier) … das (dort) / jenes …
How much is this dress?
... dieses Kleid (hier)

I like that photo.
… das Foto (dort) / jenes Foto
These apples are 56 p a pound.
Diese Äpfel (hier) …
How much are those tomatoes?
… die Tomaten (dort) / jene Tomaten

Beachten Sie bitte:

This und that stehen zusammen mit one, wenn sie sich auf ein schon genanntes Nomen beziehen, das man nicht wiederholen möchte. These und those können dagegen allein stehen:

Which apple do you prefer? This one or that one?	Welchen Apfel hättest du gern? Diesen oder jenen?
• How are the apples different?	Worin unterscheiden sich die Äpfel?
– These are from England and those are from France.	Diese sind aus England und jene aus Frankreich.

2 Gebrauch

This und **these** verweisen auf alles (vom Sprecher aus gesehen) räumlich und zeitlich näher Liegende.

That und **those** verweisen auf alles (vom Sprecher aus gesehen) räumlich und zeitlich ferner Liegende.

Übersicht:	*Singular*	*Plural*
Näher Liegendes	this	these
Ferner Liegendes	that	those

This is my husband and these are my children.
Dies ist mein Mann, und das sind meine Kinder.
I am not going to work this morning.
Heute morgen gehe ich nicht zur Arbeit.
This is John and that is Andrew.
(= This here is John and that over there is Andrew.)
Dies ist John, und (das) da drüben ist Andrew.
Who are those people under the apple tree?
Wer sind die Leute dort unter dem Apfelbaum?
What did you do that day?
Was haben Sie an jenem Tag gemacht?

5 *One/ones*

Wenn man ein schon genanntes (zählbares) Nomen nicht wiederholen möchte, verwendet man **one** im Singular und **ones** im Plural.

- Do you like this red pullover? — Magst du diesen roten Pullover?
- No, but I like the blue **one**. — Nein, aber mir gefällt der blaue.

These trousers are too small. Have you got any larger **ones?** — Die Hose ist zu klein. Haben Sie eine größere?

- This pair doesn't fit. — Diese(s Paar) passt nicht.
- Would you like to try another **one**? — Möchten Sie ein(e) andere(s) anprobieren?

Beachten Sie bitte:

1 Im Englischen können Artikel, Adjektive sowie **this/that** (wenn sie sich auf ein vorher genanntes Nomen beziehen) nicht allein stehen:

I don't like the blouse with the white collar.
I prefer **the one** with the blue dots.
... Ich ziehe die mit den blauen Punkten vor.
The green ones are very nice.
Die grünen sind sehr schön.
Which bottle should I open? **This one** or **that one**?
... Diese oder jene?

2 Ones steht zusammen mit these/those nach einem Adjektiv. Folgt kein Adjektiv, stehen these/those allein:

Which jeans should I wear to the party?
These blue ones or **those white ones**?
Welche Jeans soll ich zur Party anziehen? Die blaue oder die weiße hier?
Which apples do you want? **These (here)** or **those (over there)**?
Welche Äpfel möchten Sie? Diese hier oder diese da?

Mengenbezeichnungen

1 Grundsätzliches

Mengenbezeichnungen (*quantifiers*) drücken genaue (no, all, both, every) oder ungefähre Mengen (some, a lot of, much) aus.

Some shops are open until 10 pm.
Einige Geschäfte haben bis um zehn Uhr auf.
I drink **a lot of** coffee, but I don't smoke **much**.
Ich trinke viel Kaffee, aber ich rauche wenig.
Lynn goes to Scotland **every** year.
Lynn fährt jedes Jahr nach Schottland.
All her children learn German at school.
Alle ihre Kinder lernen Deutsch in der Schule.
Both Sally and Peter have got a new job.
Sally und Peter haben eine neue Arbeitsstelle.
'**No** milk today' is my favourite song.
„No milk today" ist mein Lieblingslied.

2 *Some/any* und Zusammensetzungen

I'd like **some** coffee. — Kaffee, bitte.
Somebody was at the door. — Jemand war an der Tür.
I didn't see **anything**. — Ich sehe nichts.

1 Gebrauch von *some* und *any*

Some und any beziehen sich auf unbestimmte Mengen und stehen vor unzählbaren Nomen und vor zählbaren Nomen im Plural.

- Have we got any eggs left? — Haben wir noch Eier?
- Yes, there are some eggs in the refrigerator. — Ja, es sind noch Eier im Kühlschrank.

There's some apple pie left. — Wir haben noch etwas Apfelkuchen.
Have we got any ice cream? — Gibt's noch Eis?

Some und any werden in unterschiedlichen Satzarten verwendet:

1 Some steht in bejahten Aussagesätzen.

There are some eggs in the fridge.
Im Kühlschrank sind Eier.

I'd like some water to drink. — Ich hätte gern Wasser zum Trinken.

2 Any steht in verneinten Sätzen.

There aren't any tomatoes in the fridge. — Im Kühlschrank sind keine Tomaten.

I haven't got any time. — Ich habe keine Zeit.

Not ... any wird im Deutschen mit „keine/e" wiedergegeben.

3 In Fragen wird any verwendet, wenn es sich um „echte" Fragen handelt und man nicht weiß, ob die Antwort positiv oder negativ sein wird.
Ist die Frage eigentlich eine höfliche Bitte oder ein Angebot, verwendet man some: Der Sprecher erwartet eine positive Antwort oder will dazu ermutigen.

Were there any English people at the party?
Waren Engländer auf der Party?

Have you got any money?
Hast du Geld?

Could I have some water, please?
Könnte ich bitte Wasser haben?

Would you like some coffee?
Möchten Sie Kaffee?

Beachten Sie bitte:

1 die Bedeutung von **some** und **any** im Deutschen:

Some shops stay open 24 hours a day.
Einige Geschäfte haben rund um die Uhr geöffnet.
Could I have **some sugar** for my coffee?
Könnte ich etwas Zucker für meinen Kaffee haben?
Did you buy **any milk**?
Hast du Milch gekauft?

Im Deutschen gibt es keine Ausdrücke, die **some** und **any** entsprechen. Manchmal werden sie mit „etwas", „ein wenig", „einige" oder „ein paar" übersetzt, häufig (insbesondere in Fragen) aber gar nicht.

2 die Verwendung von **some** und **any** ohne folgendes Nomen:

• I haven't got any money. Have you got **any**?	Ich habe kein Geld. Hast du welches?
– I had **some**, but I've spent it.	Ich hatte welches, aber ich habe es ausgegeben.
• I've made apple pie as dessert. Would you like **some**?	Als Nachtisch habe ich Apfelkuchen gemacht. Möchtest du etwas davon?
– No, thanks. I couldn't eat **any** more.	Nein, danke. Ich kann nichts mehr essen.
Would you like to borrow **some** of these books?	Möchten sie einige dieser Bücher ausleihen?

Some und **any** können auch allein (als Pronomen) oder vor einer *of*-Fügung stehen.

2 Zusammensetzungen mit *some* und *any*

Die Zusammensetzungen mit **some** und **any** werden wie **some** und **any** verwendet:

Does **anybody** here speak English?
Spricht hier irgendjemand Englisch?
The hotel must be **somewhere** near here.
Das Hotel muss hier irgendwo in der Nähe sein.
I saw **something** interesting in the paper.
Ich habe etwas Interessantes in der Zeitung gelesen.

1 In bejahten Aussagesätzen sowie in höflichen Bitten und Angeboten in Frageform verwendet man **somebody/someone**, (jemand) **something** (etwas) und **somewhere** (irgendwohin).

I met **somebody/someone** from Atlanta.
Ich habe jemanden aus Atlanta getroffen.
Would you like **something** to drink?
Möchtest du etwas zu trinken?
We could go **somewhere** and have a beer.
Wir könnten irgendwohin gehen und ein Bier trinken.

2 In verneinten Sätzen verwendet man **not ... anybody/anyone** (niemand), **not ... anything** (nichts) und **not ... anywhere** (nirgends); in „echten" Fragen stehen **anybody/anyone** ((irgend)jemand), **anything** ((irgend)etwas) und **anywhere** ((irgend)wohin).

I do**n't** know **anybody/anyone** from London.
Ich kenne niemanden aus London.
I did**n't** say **anything**.
Ich habe nichts gesagt.
I could**n't** find my keys **anywhere**.
Ich konnte meine Schlüssel nirgendwo finden.
Did you hear **anything**?
Hast du etwas gehört?
Did you see **anyone/anybody**?
Hast du jemanden gesehen?
Did you go **anywhere**?
Bist du irgendwohin gegangen?

3 *No* und Zusammensetzungen mit *no*

There's **no** milk left.
Es ist keine Milch übrig.
Nobody liked the film.
Niemand mochte den Film.
She said **nothing** all evening.
Sie hat den ganzen Abend nichts gesagt.

There were no rooms at the inn.

1 *No*

No steht vor einem Nomen und bedeutet „kein/e".

I'm sorry. I've got **no time**.
Es tut mir Leid. Ich habe keine Zeit.
There were **no people** there.
Es waren keine Leute da.
No glasses were broken.
Es waren keine Gläser zerbrochen.

No hat die gleiche Bedeutung wie not ... any:

I have no money at all. = I don't have any money at all.
Ich habe überhaupt kein Geld.
There was no bread left in the bakery. = There wasn't any bread left ...
In der Bäckerei gab es kein Brot mehr.

No ist förmlicher als not ... any. No wird auch verwendet, wenn die negative Bedeutung „kein/e" hervorgehoben werden soll. No muss verwendet werden, wenn kein Verb vorausgeht, das mit not verneint werden könnte. Dies ist der Fall, wenn no + Nomen Subjekt des Satzes sind oder wenn es sich um einen verkürzten Satz ohne Verb handelt:

No car was in sight. Es war kein Auto in Sicht.
No smoking. Rauchen verboten.

2 *Nobody / no one / nothing/nowhere*

Nobody helped me.	Niemand half mir.
I've got **nothing** to wear to the party.	Ich habe nichts anzuziehen für die Party.
• Where did you go last night?	Wo seid ihr gestern Abend hingegangen?
– **Nowhere**. We stayed at home.	Nirgendwohin. Wir sind zu Hause geblieben.

Nobody / no one, nothing und nowhere sind gleichbedeutend mit not ... anybody/anyone/anything/anywhere:

There's nobody / no one at home. =
There isn't anybody/anyone at home. — Es ist niemand zu Hause.

We've got nothing to hide. = We haven't got anything to hide.
Wir haben nichts zu verbergen.

George had nowhere to go. = George didn't have anywhere to go.
George konnte nirgendwo hingehen.

Nobody / no one, nothing und nowhere sind förmlicher als die Zusammensetzungen mit not ... any.

Nobody / no one / nothing/nowhere werden auch verwendet, wenn die negative Bedeutung hervorgehoben werden soll. Sie müssen verwendet werden, wenn kein Verb vorausgeht, das mit not verneint werden könnte. Dies ist der Fall, wenn nobody /no one / nothing/nowhere Subjekt des Satzes ist oder wenn es sich um einen verkürzten Satz ohne Verb handelt:

Nobody answered the phone.	Keiner ging als Telefon.
• What did you say?	Was hast du gesagt?
– Oh, nothing.	Ach, nichts.

4 *A lot (of) / lots of / much/many*

Much (viel) steht vor unzählbaren Nomen (*uncountable nouns*), **many** (viele) steht vor zählbaren Nomen (*countable nouns*) im Plural.
Much und **many** stehen in Fragen und verneinten Sätzen.
Bejahte Aussagen werden mit **a lot of** oder **lots of** gebildet. **A lot of** und **lots of** sind gleichbedeutend und können vor unzählbaren Nomen und vor zählbaren Nomen im Plural stehen.

He's got **a lot of** money.	Er hat viel Geld.
There isn't **much** time left.	Es ist nicht mehr viel Zeit.
• Are there **many** tourists in your region?	Gibt es in ihrer Gegend viele Touristen?
– Yes, there are **a lot of** American tourists.	Ja, es gibt viele amerikanische Touristen.
Lots of people go skiing in Austria.	Viele Touristen fahren nach Österreich zum Skifahren.

Beachten Sie bitte:

1 Much, many und a lot können auch ohne Nomen stehen, wenn sie sich auf ein vorher genanntes Nomen beziehen, das nicht wiederholt werden soll:

Kim has got a lot of CDs. I haven't got many.	Kim hat eine Menge CDs. Ich habe nicht viele.
Fred drinks lots of coffee. His colleagues don't drink much.	Fred trinkt viel Kaffee. Seine Kollegen trinken nicht viel.
• Do you have many friends? – Yes, a lot.	Hast du viele Freunde? Ja, viele.

2 Much und a lot werden auch ohne Bezug auf ein bestimmtes Nomen verwendet:

He smokes a lot, but he doesn't drink much.
Er raucht viel, aber er trinkt nicht viel.

3 Much und many können auch nach how, too, so und very verwendet werden:

How much sugar do we need? (wie viel)
Wieviel Zucker brauchen wir?
How many bottles of wine should I buy? (wie viele)
Wieviele Flaschen Wein soll ich kaufen?
She works **too much** and eats **too many** chocolates. (zu viel, zu viele)
Sie arbeitet zu viel und isst zu viele Pralinen.
When I was a student I had **so much** time and **so many** friends.
In meiner Studentenzeit hatte ich so viel Zeit und so viele Freunde.
She didn't say **very much**. (sehr viel)
Sie sagte nicht viel. (► S. 133)

5 *Every/each* und Zusammensetzungen mit *every*

Each und every stehen im Sinne von „jede/r/s" vor Nomen. Wenn „jede/r/s" im Allgemeinen gemeint ist, wird every verwendet. Each wird im Sinne von „jede/r/s Einzelne" (meistens von einer bestimmten Anzahl) verwendet.

I go to Italy **every/each summer**.
Ich fahre jeden Sommer nach Italien.
Every/Each student needs a book.
Jeder Schüler braucht ein Buch.
He wore a different shoe on **each foot**.
Er trug an jedem Fuß einen anderen Schuh.
Each twin wore the same clothes.
Jeder Zwilling trug dieselben Kleider.

Each kann auch allein oder mit einer of-Fügung verwendet werden:

He gave each (of the children) a book.
Er gab jedem Kind ein Buch.
The melons are 90 pence each. ... das Stück
Die Melonen kosten 90 Pence das Stück.

Beachten Sie bitte die verschiedenen Zusammensetzungen mit every:

I bought **everything** at Saks Fifth Avenue.
Ich kaufte **alles** bei Saks ...
I looked **everywhere**, but I couldn't find my glasses.
Ich suchte **überall**, ...
Everybody/Everyone was tired after the long journey.
Jeder war / **Alle** waren müde-...

Everybody/Everyone bedeutet sowohl „jeder" als auch „alle".

6 *All*

All + *Singular*	All + *Plural*
He has lost **all hope**. ... alle Hoffnung I need a holiday after **all that work**. ... nach all der Arbeit She spends **all her money** on clothes. ... ihr ganzes Geld	**All plants** need water. Alle Pflanzen ... **All (of) the students** knew the answer. / **All of them** knew the answer. / **They all** knew the answer.

We ate **all (of) the cake.**
… den ganzen Kuchen
I ate **all of it.** / I ate **it all.**
... alles davon

All + Singular bedeutet „ganz“, „all/e/s“.

All + Plural bedeutet „alle“.

⚠ All kann **nicht** für sich allein stehen. In diesem Fall verwendet man everything (alles) oder everyone/everybody (alle).

She denied everything. Everybody/Everyone was shocked.
Sie stritt alles ab. Alle waren geschockt. (Jeder war geschockt.)

7 *Both / (not ...) either / neither/ none*

- I've got mineral water and wine. You can have **either**. — Ich habe Mineralwasser und Wein. Du kannst eins davon haben.
- Can I have **both**? — Kann ich beides haben?

Ben has got two new sofas, but **neither** is very comfortable. — Ben hat zwei neue Sofas, aber keines ist besonders bequem.

1 *Both*

Both bedeutet „beide“.

Both (the) students are wearing a red pullover.
Beide Studentinnen tragen einen roten Pullover.
Both of the students / Both of them have a new bicycle.
Beide haben ein neues Fahrrad.
Ian and Gregor are both teachers. They both wear glasses.
Ian und Gregor sind beide Lehrer. Beide tragen eine Brille.

2 *Either / not ... either*

Either bedeutet „eine/r/s (von beiden)“, „jede/r/s (von beiden)“ und „beide“.
Not ... either bedeuted „keine/r/s von beiden“.
Either und not ... either stehen bei Nomen im Singular oder allein. Sie beziehen sich immer auf zwei Dinge oder Personen.

I've got tea and coffee. You can have either. — … eins von beiden

She had a glass of champagne in either hand.	… in jeder Hand / in beiden Händen
The spoons were**n't** in **either** box.	… waren in keiner der beiden Kisten
• What do you prefer? Beans or peas?	Was möchten Sie? Bohnen oder Erbsen?
– I do**n't** like **either** (vegetable).	… Ich mag keines von beiden (Gemüsen).
• Who do you like better? Jack or Jill?	Wen magst du lieber? Jack oder Jill.
– I do**n't** like **either**.	Ich mag keinen von beiden.

3 Neither/none

Neither bedeutet „kein/r/s (von beiden)" und steht als Subjekt des Satzes oder als Kurzantwort. Es kann vor einem Nomen im Singular, vor einer *of*-Fügung oder allein stehen. **Neither** bezieht sich immer auf zwei Personen oder Dinge.

Neither (of the students) knows the answer.	Keiner der Studenten weiß die Antwort.
Neither beer tastes very good.	Keines des Biere schmeckt sehr gut.
• Would you like tea or coffee?	Möchten Sie Tee oder Kaffee?
– Neither, thanks.	Nichts, danke.

Wenn es sich um mehr als zwei Dinge handelt, verwendet man **none**:

None (of the students) knew the answer.
Keiner der Studenten wußte die Antwort.
None (of the cakes) were very good.
Keiner der Kuchen war sehr gut.

Adverbien und adverbiale Bestimmungen

1 Grundsätzliches

Adverbien (auch: Umstandswörter; *adverbs*) und adverbiale Bestimmungen (auch: Adverbiale; *adverbials*) machen nähere Angaben zu den Umständen eines Geschehens. Adverbien und adverbiale Bestimmungen bestimmen oft Ort, Zeit oder Art und Weise eines Geschehens näher. Im Gegensatz zu Adverbien bestehen adverbiale Bestimmungen aus mehr als einem Wort. (► S. 10 *f.*)

Adverbs	*Adverbials*
Donald waited **outside**.	Donald waited **in front of the house**.
Donald wartete draußen.	Donald wartete vor dem Haus.
I saw her **yesterday**.	I saw her **two weeks ago**.
Ich habe sie gestern gesehen.	Ich habe sie vor zwei Wochen gesehen.
Henry cut the bread **slowly**.	Henry cut the bread **with a pocket knife**.
Henry schnitt das Brot langsam.	Henry schnitt das Brot mit einem Taschenmesser.

2 Verschiedene Arten von Adverbien

1 Adverbien der Art und Weise (*adverbs of manner*) geben Antwort auf die Frage „Wie?" (How?).

He closed the door **slowly**.	Langsam schloss er die Tür.
She danced **happily** around the room.	Sie tanzte fröhlich im Zimmer herum.
They opened the box **carefully**.	Sie öffnete vorsichtig die Schachtel.

2 Adverbien der Zeit (*adverbs of time*) geben Antwort auf die Frage „Wann?" (When?).

I saw him **yesterday**.	Ich sah ihn gestern.
Please call me **soon**.	Bitte rufen Sie mich bald an.
The train arrived **early**.	Der Zug kam früher.

3 Adverbien des Ortes (*adverbs of place*) geben Antwort auf die Frage „Wo(hin)?" (Where?).

They can't stay **here**.	Sie können nicht hierbleiben.
Why do you want to go **there**?	Warum möchtet ihr dort hingehen?
Have you looked **everywhere**?	Hast du überall nachgesehen?

4 Adverbien der Häufigkeit (*adverbs of frequency*) geben Antwort auf die Frage „Wie oft?" (How often?).

I **always** have coffee for breakfast.	Ich trinke immer Kaffee zum Frühstück.
I **never** have tea.	Ich trinke nie Tee.
She is **rarely** late for work.	Sie kommt selten zu spät zur Arbeit.

Hier sind die wichtigsten Adverbien der Häufigkeit:

100 %

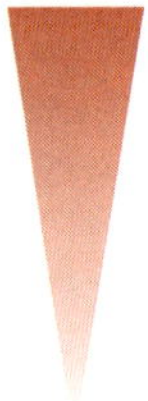

0 %

always
usually/normally/generally
regularly
often/frequently
sometimes
occasionally
rarely
hardly ever
never

5 Satzadverbien (*sentence adverbs*) lassen sich nicht erfragen. Sie drücken eine Stellungnahme oder eine Meinung zum ganzen Satz aus.

Perhaps Helen can help us.
Vielleicht kann Helen uns helfen.
Fortunately the train arrived on time.
Glücklicherweise kam der Zug pünktlich.
Hopefully Patricia will bring a bottle of wine.
Hoffentlich bringt Patricia eine Flasche Wein mit.
Probably there will be another concert on Monday.
Wahrscheinlich gibt es am Montag noch ein Konzert.

6 Gradadverbien (*adverbs of degree*) geben Antwort auf die Frage „Wie sehr?“, „Inwieweit?“ (How much?, To what extent?). Sie verstärken oder schwächen ab.

The book was **very** interesting.
Das Buch war sehr interessant.
The party was **rather** boring.
Die Party war ziemlich langweilig.
I'm **fairly** sure that he will come.
Ich bin mir ziemlich sicher, dass er kommen wird.
I **completely** forgot to call Jill.
Ich habe völlig vergessen, Jill anzurufen.
That's **quite** impossible.
Das ist ziemlich unmöglich.

3 Formen der Adverbien

Adjective	*Adverb*
Sally was **nervous**. Sally war nervös.	She walked up and down **nervously**. Sie ging nervös auf und ab.
She's a **patient** listener. Sie ist eine geduldige Zuhörerin.	She listens **patiently**. Sie hört geduldig zu.
John has a **fast** car. John hat ein schnelles Auto.	John drives **fast**. John fährt schnell.
	We went to the theatre **yesterday**. Gestern gingen wir ins Theater.
	Amy **often** forgets my birthday. Amy vergisst oft meinen Geburtstag.

Es gibt drei Arten von Adverbien:

1 Adverbien, die von Adjektiven abgeleitet sind, z.B. nervous – nervously, patient – patiently;

2 Adverbien, die die gleiche Form wie das entsprechende Adjektiv haben, z.B. fast;

3 Adverbien, die **nicht** von Adjektiven abgeleitet sind, z.B. yesterday, often.

Beachten Sie bitte: Adjektive und Adverbien beziehen sich auf unterschiedliche Satzteile:

The car is **slow**. Peter **drives slowly**.

She has a **beautiful voice**. She **sings beautifully**.

Adjektive beschreiben Personen, Dinge, Zustände etc. Sie beziehen sich auf Nomen oder Pronomen. Adverbien beschreiben die Umstände einer Handlung, d.h., sie beziehen sich auf ein Verb.

⚠ Im Englischen haben Adjektiv und Adverb meistens eine unterschiedliche Form:

Sally was nervous.	Sally war nervös.
She smiled nervously.	Sie lächelte nervös.

Im Deutschen haben Adjektiv und Adverb meist die gleiche Form. Im Englischen dagegen sind die meisten Adverbien von Adjektiven abgeleitet, d.h., sie haben die Endung -ly.

1 Adverb = Adjektiv + *ly*

The children ate the ice cream **quickly**.
Die Kinder aßen die Eiscreme schnell.
I **carefully** turned the switch.
Vorsichtig betätigte ich den Schalter.
I smiled **happily**.
Ich lächelte glücklich.
Why don't you **simply** tell her the truth?
Warum sagst du ihr nicht einfach die Wahrheit?

Adjective + ly =		*Adverb*
quick	►	quickly
nervous	►	nervously
patient	►	patiently
beautiful	►	beautifully
easy	►	easily
simple	►	simply
automatic	►	automatically [ɔ:tə'mætɪkli]

Adverbien werden von Adjektiven abgeleitet, indem man an das Adjektiv die Endung -ly anhängt. Dabei ist Folgendes zu beachten:

- Ein -y am Ende wird zu -i- (z.B. happy – happily);
- Die Endung -le am Ende fällt weg (z.B. simple – simply);
- Adjektive auf -ic bilden Adverbien auf -ically [ɪkli] (z.B. automatic – automatically).

Beachten Sie bitte:

1 Von Adjektiven, die schon auf -ly enden, kann man kein Adverb bilden:

She's a **friendly** woman.
Sie ist eine freundliche Frau.
She treated me **in a friendly way/manner**.
Sie behandelte mich freundlich/auf freundliche Weise.

Für Adjektive wie friendly, lovely, silly verwendet man die Umschreibung in a friendly/lovely/silly way/manner.

2 Das Adjektiv good hat eine Sonderform:

She's a **good** painter. She paints **well**.
Sie ist eine gute Malerin. Sie malt gut.

2 Adverb = Adjektiv

Einige Adverbien haben die gleiche Form wie die entsprechenden Adjektive, z.B. early, late, long, fast, hard, far, daily.

We got up **early** and took the **early** train to Norwich. — Wir sind früh aufgestanden und haben den Frühzug nach Norwich genommen.

- It was a **long** journey to Aberdeen. — Es war eine lange Reise nach Aberdeen.
- Did you stay **long**? — Bist du lange geblieben?

It was a **hard** life. They worked **hard**. — Es war ein hartes Leben. Sie haben hart gearbeitet.

Beachten Sie bitte: Einige Adjektive nehmen eine andere Bedeutung an, wenn sie als Adverbien verwendet werden:

She works **hard**. (hart)
He **hardly** works. (kaum)
They didn't play **fair**. (fair)
The film was **fairly** interesting. (ziemlich)
That's **pretty** clever. (ziemlich)
She was **prettily** dressed. (hübsch)
They arrived **late**. (spät)
Have you seen Fiona **lately**?
(in der letzten Zeit)

She works hard.

He hardly works.

3 Gebrauch der Adverbien

Adverbien können sich auf unterschiedliche Satzteile beziehen.

Martha **sings** beautifully. — **Verb** ← Adverb

Martha singt schön.

Sandra quickly **finished** the work. — Adverb → **Verb**

Sandra war schnell mit ihrer Arbeit fertig.

Mrs Black was completely **happy**. — Adverb → **Adjektiv**

Frau Black war vollkommen glücklich.

She opened the letter very **slowly**. — Adverb → **Adverb**

Sie öffnete den Brief sehr langsam.

Fortunately **it isn't raining**. — Adverb **Satz**

Glücklicherweise regnet es nicht.

You will probably **like New Zealand**. — **Satz** Adverb **Satz**

Neuseeland wird Ihnen wahrscheinlich gefallen.

4 Adjektiv anstelle von Adverb

Nach den Verben **feel, taste, smell, look** (aussehen), **sound** (sich anhören, klingen), **seem, become** und **get** (werden) steht kein Adverb, sondern ein Adjektiv.

I feel **terrible**.	Ich fühle mich furchtbar.
The soup tastes **delicious**.	Die Suppe schmeckt köstlich.
Laura looked **sad**.	Laura sah traurig aus.
You sound **tired**.	Du klingst müde.
Rick became/got **angry**.	Rick wurde ärgerlich.
You don't seem **tired**.	Du scheinst nicht müde zu sein.

5 Steigerungsformen der Adverbien

Adverbien werden im Wesentlichen nach den gleichen Prinzipien wie Adjektive gesteigert:

Adverb	*Comparative*	*Superlative*
early	earlier	(the) earliest
late	later	(the) latest
fast	faster	(the) fastest
often	more often	(the) most often
quickly	more/less quickly	(the) most/least quickly
carefully	more/less carefully	(the) most/least carefully

Rodney arrived **earlier** than everybody else and he stayed the **longest**.
Rodney kam vor allen anderen und blieb am längsten.
Paula finished the exercise **more quickly** than Jane.
Paula beendete die Übung schneller als alle anderen.
But Sally did it the **most quickly**.
Aber Sally war am schnellsten.

Adverbien, die **nicht** von Adjektiven abgeleitet sind, werden nach den gleichen Regeln wie Adjektive gesteigert.
Abgeleitete Adverbien auf -ly werden mit more/less und the most / the least gesteigert. (► S. 95 *ff.*)

Beachten Sie bitte, dass einige Adverbien unregelmäßige Steigerungsformen haben:

John worked **little** this morning. He worked **less** than yesterday.
John hat heute Morgen wenig gearbeitet. Er hat weniger als gestern gearbeitet.
I don't know John **well**. I know his brother **better**.
Ich kenne John nicht gut. Seinen Bruder kenne ich besser.

Adverb	*Comparative*	*Superlative*
(a) little ((ein) wenig)	less	the least
well	better	the best
badly	worse	the worst
much / a lot	more	the most

4 Verschiedene Arten von adverbialen Bestimmungen

Wie bei den Adverbien gibt es unterschiedliche adverbiale Bestimmungen:

Adverbiale Bestimmung

- des Ortes (Wo?, Wohin?)
- der Zeit (Wann?)
- der Häufigkeit (Wie oft?)
- der Art und Weise (Wie?)
- des Mittels (Womit?)

(► S. 10)

We live in **a nice old house in Prince Avenue**.
Wir wohnen in einem hübschen alten Haus in der Prince Avenue.
They got married **in the spring**.
Sie haben im Frühling geheiratet.
I go to the seaside **every year**.
Ich fahre jedes Jahr an die Küste.
She smiled at him **in a friendly way**.
Sie lächelte ihn freundlich an.
She cut the cake **with a big knife**.
Sie hat den Kuchen mit einem großen Messer geschnitten.

5 Stellung der adverbialen Bestimmungen und Adverbien

Adverbiale Bestimmungen stehen normalerweise am Satzende (*end-position*).

> She lives **in New York**.
> Sie wohnt in New York.
> I read the newspaper **in the morning**.
> Ich lese die Zeitung am Morgen.
> He visits his parents **every day**.
> Er besucht seine Eltern jeden Tag.

Adverbien können am Satzanfang (*front-position*), in der Satzmitte (*mid-position*) oder am Satzende (*end-position*) stehen.

> **Suddenly** he got up and left.
> Plötzlich stand er auf und ging.
> She **always** starts work at 8 o'clock.
> Sie beginnt immer um acht Uhr mit der Arbeit.
> They left the room **quietly**.
> Sie verließen leise den Raum.

⚠ Die Stellung der adverbialen Bestimmungen und Adverbien ist im Englischen anders als im Deutschen:

> Sheila **usually** speaks English **well**.
> Sheila spricht normalerweise gut Englisch.
> John **never** drinks beer **in the afternoon**.
> John trinkt nachmittags nie Bier.
> He rides his bicycle **every day**.
> Er fährt jeden Tag Fahrrad.

Im Englischen stehen Adverb oder adverbiale Bestimmung **nie** zwischen Verb und Objekt.

1 Adverbien am Satzanfang

Satzadverbien stehen normalerweise am Satzanfang (*front-position*).

> **Perhaps** we should phone her.
> Vielleicht sollten wir sie anrufen.
> **Fortunately** nobody complained.
> Glücklicherweise beschwerte sich niemand.

Honestly, I just don't know what he wants.
Also ehrlich, ich weiß nicht, was sie will.

2 Adverbien in der Mitte des Satzes

Häufigkeitsadverbien (*adverbs of frequency*) stehen in der Mitte des Satzes (*mid-position*), d.h. vor dem Hauptverb (*main verb*) beziehungsweise nach dem (ersten) Hilfsverb (*auxiliary*).

Subject	*Auxiliary*	*Adverb*	*Main verb*	*Object /Adverbial*
My husband	can	usually	works	until 10 pm.
I	have	sometimes	play	cards with my neighbours.
You	was	always	ask	me.
They		often	been	to England.
The body		never	found.	

Eine Ausnahme bildet das Verb be:

Breakfast is **usually** at 7 o'clock.
Frühstück gibt es normalerweise um sieben Uhr.
We are **sometimes** late for work.
Wir kommen manchmal zu spät zur Arbeit.

3 Adverbien am Satzende

Am Satzende (*end-position*) stehen normalerweise:

- Adverbien der Art und Weise (z.B. quickly, slowly, carefully, well, badly);
- Adverbien des Ortes (z.B. here, there, everywhere);
- Adverbien der Zeit (z.B. today, yesterday, daily, weekly);
- die Adverbien once und twice.

Sue can swim **well**.
Susan kann gut schwimmen.
I read 'The Times' **daily**.
Ich lese täglich die „Times".
Tim wants to go swimming **today**.
Tim möchte heute schwimmen gehen.
We looked for the keys **everywhere**.
Wir haben die Schlüssel überall gesucht.
David saw Lola **once**. He phoned her **twice**.
David hat Lola einmal gesehen. Er hat sie zweimal angerufen.

4 Abweichungen von der üblichen Stellung

Adverbien und adverbiale Bestimmungen können auch an anderen Stellen im Satz stehen. Hier sind die wichtigsten Abweichungen:

Normale Stellung	Abweichende Stellung
1	
She went to Oxford. She met an old friend from school **there**. Sie ging nach Oxford. Sie traf dort einen alten Schulfreund.	She went to Oxford. **There** she met an old friend from school. Sie ging nach Oxford. Dort traf sie einen alten Schulfreund.
I usually get up at 10 o' clock. I had to get up at 6 **this morning**. Normalerweise stehe ich um zehn Uhr auf. Ich musste heute Morgen um sechs aufstehen.	I usually get up at 10 o' clock. **This morning** I had to get up at Normalerweise stehe ich um zehn Uhr auf. Heute morgen musste ich um sechs aufstehen.

Adverbien / adverbiale Bestimmungen des Ortes und der Zeit können auch am Satzanfang stehen, wenn dies der besseren Verknüpfung von Sätzen dient.

Normale Stellung	Abweichende Stellung
2	
She closed the door **carefully**. Sie schloss die Tür vorsichtig.	She **carefully** closed the door. Vorsichtig schloss sie die Tür.
Perhaps he can help you. Vielleicht kann er Ihnen helfen.	He can **perhaps** help you. Er kann Ihnen vielleicht helfen.

Adverbien der Art und Weise und Satzadverbien können auch in der Satzmitte stehen, wenn sie nicht so sehr betont werden sollen.

5 Stellung mehrerer adverbialer Bestimmungen und Adverbien am Satzende

Die normale Reihenfolge ist Art und Weise – Ort – Zeit (A – O – Z).

	Art und Weise	*Ort*	*Zeit*
Let's meet		in the pub	at 7 o'clock.
There's a party		at Tom's house	Saturday night.
She put the jewels	quickly	into her suitcase.	
Sophie played	well	at Wimbledon	last week.
She waited	patiently	outside the building	until ten.

⚠ Die Stellung von Orts- und Zeitangaben ist im Englischen anders als im Deutschen:

We went to the cinema yesterday.
Wir gingen gestern ins Kino.
Valerie stayed at home last night.
Valerie blieb gestern Abend zu Hause.

Im Englischen gilt immer Ort vor Zeit (O – Z).

6 Übersicht über die Stellung der Adverbien und adverbialen Bestimmungen

Adverbiale Bestimmungen: Ende

They went **to the zoo**.
They got up **at 6 o'clock**.

Satzadverbien: Anfang

Perhaps she missed the bus.

Häufigkeitsadverbien: Mitte

My cat **never** drinks milk.
He is **always** tired.

Adverbien der Art und Weise: Ende

She closed the suitcase **carefully**.

Orts- und Zeitadverbien: Ende

She lives **there**.
I'll see you **tomorrow**.

Fragewörter

1 Grundsätzliches

Fragewörter (auch: Interrogativpronomen; *question words*) stehen am Anfang des Satzes. Danach folgt der Satz in Frageform.

Where is John?
Wo ist John?
What's your brother's name?
Wie heißt dein Bruder?
How old are you?
Wie alt bist du?
When do you get up in the morning?
Wann stehen Sie morgens auf?
Why didn't you take the train?
Warum habt ihr nicht den Zug genommen?

Nach Fragewörtern können die Kurzformen des Verbs stehen:

Where's the book? = Where is ...
Who's your boss? = Who is ...
What's his name? = What is ...
What's he got = What has he got?
Where've you been? = Where have you been?
(► S. 155 *ff.*)

2 Verschiedene Fragewörter

1 *When/where/why*

When do you start work?
Wann beginnen Sie mit der Arbeit?
Where do you live?
Wo wohnen Sie?
Why can't you come to the party?
Warum kannst du nicht zur Party kommen?

⚠ Im Englischen gibt es keine Extrafragewörter für „woher" und „wohin":

Where do you come from?	Wo kommt ihr her?
Where are you going (to)?	Wo fährst du hin?

„Woher" wird meistens durch **Where ... from?** und „wohin" durch **Where ... (to)?** wiedergegeben.

2 *How*

How kann allein am Satzanfang oder zusammen mit einem Adjektiv (z.B. **big**) oder Adverb (z.B. **soon**) stehen.

How are you?	Wie geht es dir?
How do you say this in English?	Wie sagt man das auf Englisch?
How big is your flat?	Wie groß ist deine Wohnung?
How soon can you come?	Wann kannst du kommen?

Beachten Sie bitte die unterschiedliche Bedeutung von **how much** und **how many**:

How much wine is there in the bottle?
Wieviel Wein ist in der Flasche?
How many letters did you write yesterday?
Wieviele Briefe hast du gestern geschrieben?

How much bedeutet „wie viel" und **how many** „wie viele". (► S. 116 *f.*)

How much wird auch verwendet, um nach dem Preis zu fragen:

How much is the ticket? How much are the tickets?
Wieviel kostet die Eintrittskarte? Wieviel kosten die Eintrittskarten?

3 *Who/whom/what*

Who/Whom gebraucht man für Personen, **what** für Sachen.

Who is it?
Wer ist da?
Who/Whom do you know here?
Wen kennst du hier?
What was that noise?
Was war das für ein Geräusch?
What do we need from the supermarket?
Was brauchen wir vom Supermarkt?

Beachten Sie bitte:

1 Who und what können sowohl Subjekt als auch Objekt des Fragesatzes sein. Who hat dann jeweils eine andere Bedeutung und wird entsprechend anders übersetzt.

• **Who** loves you?	Wer liebt dich?
– **Peter** loves me.	Peter liebt mich.
• **Who** do you love?	Wen liebst du?
– I love **Paul**.	Ich liebe Paul.
• **Who** did you help?	Wem hast du geholfen?
– I helped **my uncle**.	Ich habe meinem Onkel geholfen.

Who als Subjekt bedeutet „wer". Fragen werden ohne das Hilfsverb do gebildet. Who als Objekt bedeutet „wen" oder „wem".

2 Whom (wen/wem) ist immer Objekt des Fragesatzes und wird nur in sehr förmlichem Englisch verwendet:

Whom did you meet at the airport?
Mit wem hast du dich am Flughafen getroffen?
Whom would you like to speak to, sir?
Mit wem möchten Sie sprechen, mein Herr?
Whom will they give the prize to?
Wem wird man den Preis verleihen?

3 Zusammen mit einer Präposition entspricht what unterschiedlichen Fragewörtern im Deutschen:

What did you do that **for**?	Wozu …
What did you do it **with**?	Womit …
What are you talking **about**?	Worüber …
What is it made (**out**) **of**?	Woraus …
What are you looking **forward to**?	Worauf freust du dich?

Wichtige Wendungen mit what:

What time is it?	Wie viel Uhr ist es?
What date is it?	Welches Datum ist heute?

4 *Which/what*

Which und **what** können vor einem Nomen oder allein stehen. **Which** wird verwendet, wenn die Auswahl beschränkt ist, **what**, wenn die Auswahl nicht beschränkt ist.

> **Which colour do you want? Red, blue or green?**
> Welche / Was für eine Farbe …
> **What colour is your favourite?** Was ist Ihre Lieblingsfarbe?
> **What (kind of) films do you like?** Was für Filme / Welche Art von Filmen …
> **Which type of tea do you prefer – Darjeeling or Jasmine?**
> Welche Sorte Tee magst du lieber – Darjeeling oder Jasmin?
> **Which is your car?** Welches ist Ihr Auto?
> **What is your address?** Wie lautet Ihre Adresse?

5 *Whose*

Whose (wessen) kann vor einem Nomen oder allein stehen.
Whose is/are ...? bedeutet „Wem gehört/gehören …?"

> **Whose book is this?** **Whose is this book?** **Whose are these?**

6 *What about / how about / what ... like?*

What about / How about ...? bedeuten „Wie wär's mit …?" oder „Wie steht's mit …?". Sie werden häufig verwendet, um einen Vorschlag zu machen.

> **I love ice cream. What about you?**
> Ich mag Eiscreme. Und du?
> **I'm hungry. What about an ice cream?**
> Ich habe Hunger. Wie wär's mit einem Eis?
> **I'm hungry. How about going out for a meal?**
> Ich habe Hunger. Wollen wir essen gehen? Wie wär's?

Mit **What ... like? / What's it like ...?** bittet man jemanden um eine nähere Beschreibung.

> **What's her new husband like?**
> Was ist ihr neuer Ehemann für ein Typ?
> **What was the weather like?**
> Wie war das Wetter?
> **What's it like studying at an American university?**
> Wie ist es, an einer amerikanischen Universität zu studieren?

Konjunktionen

1 Grundsätzliches

Konjunktionen (auch: Bindewörter; *conjunctions*) verbinden Sätze, Satzteile oder auch einzelne Wörter miteinander.

Sarah is forty years old. She lives in London. ► Sarah is forty years old **and** lives in London.
Sarah ist vierzig Jahre alt. Sie lebt in London. ► Sarah ist vierzig Jahre alt und lebt in London.

Would you like tea? Coffee? ► Would you like tea **or** coffee?
Möchten Sie Tee? Kaffee? ► Möchten Sie Tee oder Kaffee?

I want to learn English. I need it for my work. ► I want to learn English **because** I need it for my work.
Ich möchte Englisch lernen. Ich brauche es für meine Arbeit. ► Ich möchte Englisch lernen, weil ich es für meine Arbeit brauche.

It started to rain. We went into a tea shop. ► **When** it started to rain, we went into a tea shop.
Es begann zu regnen. Wir gingen in ein Café. ► Als es zu regnen anfing, gingen wir in ein Café.

⚠ Vor Konjunktionen steht im Englischen normalerweise kein Komma.

2 Übersicht über die wichtigsten Konjunktionen

1 Konjunktionen, die gleichrangige Satzteile miteinander verbinden

He goes swimming **and** plays tennis. Er geht schwimmen und spielt Tennis.	and = und
In the evening he reads a book **or** watches TV. Abends liest er ein Buch oder sieht fern.	or = oder
He **either** eats in the canteen **or** goes to a fish-and-chip shop. Er isst entweder in der Kantine oder geht zu einem Imbiss.	either ... or = entweder ... oder
Mr Black likes **neither** his boss **nor** his colleagues. Herr Black mag weder seinen Chef noch seine Kollegen.	neither ... nor = weder ... noch

I don't drink red wine, **but** I like white wine and sherry. Ich trinke keinen Rotwein, aber ich mag Weißwein und Sherry.	but = aber
Shelley doesn't want beer, **but** wine. Shelley möchte kein Bier, sondern Wein.	but = sondern
Peter has **not only** lost his passport **but also** his plane ticket. Peter hat nicht nur seinen Pass verloren, sondern auch sein Flugticket.	not only ... but also = nicht nur…, sondern auch
Mr White speaks **both** German **and** French. Herr White spricht sowohl Deutsch als auch Französisch.	both ... and = sowohl … als auch

2 Konjunktionen, die Nebensätze einleiten

1 Nebensätze der Zeit

I watch TV **when** I don't know what to do. Ich sehe fern, wenn ich nicht weiß, was ich tun soll.	when = wenn, immer wenn
Phone me **when** you got home. Ruf mich an, wenn du nach Hause kommst.	when = wenn, sobald
They came home **when** the rain started. Sie kamen nach Hause, als es zu regnen anfing.	when = als
I read the newspaper **before** I made breakfast. Ich habe die Zeitung gelesen, bevor ich Frühstück gemacht habe.	before = bevor
After she has had breakfast, she goes to work. Nachdem sie gefrühstückt hat, geht sie zur Arbeit.	after = nachdem
I can't wait **until**/**till** he comes. Ich kann nicht warten, bis er kommt.	until/till = bis
She phoned him **as soon** as she got his letter. Sie rief ihn an, sobald sie seinen Brief erhielt.	as soon as = sobald

John went in a pub **while** his wife went shopping. John ging in den Pub, während seine Frau einkaufen ging.	while = während
I haven't taken any holidays **since** I started my new job. Ich habe keinen Urlaub gemacht, seit ich meine neue Arbeitsstelle habe.	since = seit
Whenever I see Julia, she is wearing red jeans and a black leather jacket. Immer wenn ich Julia sehe, trägt sie eine rote Jeans und eine schwarze Lederjacke.	whenever = immer wenn, wann auch immer

2 Nebensätze des Grundes oder der Ursache

I went to bed **because** I was tired. Ich ging ins Bett, weil ich müde war.	because = weil
Henry didn't come, **so** I phoned him. Henry ist nicht gekommen, also habe ich ihn angerufen.	so = also, deshalb
Since she wasn't at home, I left a note on her door. Da sie nicht zu Hause war, habe ich ihr eine Nachricht hinterlassen.	since = da
Malcolm cannot come **as** he is on holiday. Malcolm kann nicht kommen, weil er im Urlaub ist.	as = da, weil

3 Nebensätze des Zweckes

Send the card by airmail **so that** it will arrive before her birthday. Schick ihr die Karte per Luftpost, damit sie vor ihrem Geburtstag ankommt.	so that = damit

4 Nebensätze der Einräumung

Although/(Even) though Peter gets up early, he is often late for work. Obwohl Peter früh aufsteht, kommt er oft zu spät zur Arbeit.	although / (even) though = obwohl

5 Nebensätze der Einräumung

We can stay at home if you don't want to go out.
Wir können zu Hause bleiben, wenn du nicht ausgehen willst.
if = wenn, falls

We can't visit him unless the doctor allows us.
Wir können ihn nicht besuchen, es sei denn, der Arzt erlaubt es uns.
unless = außer wenn, es sei denn

Phone me before you come in case I'm out.
Ruf mich an, bevor du kommst, für den Fall, dass ich außer Haus sein sollte.
in case = für den Fall dass

Hurry up or (else) we'll miss the train.
Beeil dich, oder wir verpassen den Zug!
or (else) = oder (aber), andernfalls

6 Nebensätze des Vergleichs oder Gegensatzes

He acts as if / as though he were the boss.
Er tut so als sei er der Chef.
as if / as though = als ob

Edith goes to the hairdresser every week, whereas Ruth only goes there once a month.
Edith geht jede Woche zum Friseur, wogegen Ruth nur einmal im Monat hingeht.
whereas = wogegen

Scotland, as you know, is not part of England.
Wie Sie wissen, ist Schottland kein Teil von England.
as = wie, so wie

As I mentioned in my last letter, we are planning a visit to Austria next summer.
Wie ich in meinem letzten Brief erwähnte, haben wir vor, im nächsten Jahr nach Österreich zu fahren.

Nobody sings the blues like Billie Holiday did.
Niemand singt den Blues so wie Billie Holiday.
like = wie, so wie (*informal*)

The house wasn't like I remembered.
Das Haus war anders, als ich es in Erinnerung hatte.

7 Indirekte Rede

He says that he can't swim but I know **that** it's not true.
Er sagt, er kann nicht schwimmen, aber ich weiß, dass das nicht wahr ist.

that = dass

Do you know **whether**/**if** the shops are open on Sunday?
Weißt du, ob die Geschäfte am Sonntag geöffnet haben?

whether/if = ob

(► S. 165 *ff.*)

Präpositionen

1 Grundsätzliches

Präpositionen (auch: Beziehungswörter, Verhältniswörter; *prepositions*) stehen meistens vor einem Nomen (*noun*) oder Pronomen (*pronoun*). Sie zeigen an, in welcher Beziehung verschiedene Personen, Dinge, Orte, Zeitpunkte, Ereignisse etc. zueinander stehen.

> Mrs O'Connor is **from** Dublin.
> Frau O'Connor kommt aus Dublin.
> She lives **in** Cardiff now.
> Jetzt lebt sie in Cardiff.
> Can you meet me **at** six o'clock **outside** the Red Lion pub?
> Können wir uns um sechs Uhr vor dem Roten Löwen treffen?
> He waited **until** 7.30.
> Er wartete bis halb acht.
> This is a song **by** the Beatles. It's **for** you.
> Dies ist ein Song der Beatles. Er ist für dich.

Inhaltlich kann man Präpositionen danach einteilen, ob sie zeitliche Beziehungen (z.B. in, at, from), räumliche Beziehungen (z.B. from, in, outside) oder sonstige Beziehungen (z.B. by, for) ausdrücken.

Beachten Sie bitte, dass die gleiche Präposition oft in unterschiedlichen Zusammenhängen verwendet wird:

at 9 o'clock = um 9 Uhr (zeitlich)
at the train station = am Bahnhof (örtlich)
at half-price = zum halben Preis

Lerntipp: Lernen Sie typische Wendungen mit Präpositionen auswendig.

2 Präpositionen der Zeit

1 *At*

At steht bei
- Uhrzeiten
- Fest- und Feiertagen

I start work **at 12 o'clock** / **at noon**.
Ich beginne um zwölf Uhr/am Mittag mit der Arbeit.
He came home **at midnight**.
Er kam um Mitternacht nach Hause.
We always have a big family party **at Christmas** / **at Easter** / **at Thanksgiving**.
Zu Weihnachten/Ostern/Thanksgiving feiern wir immer ein großes Familienfest.

Feste Wendungen mit at:

at the weekend (GB) = am Wochenende
at night = nachts
at the age of eleven = im Alter von elf (Jahren)
at the moment = jetzt, im Moment
at the beginning/end = am Anfang/Ende

2 *On*

On steht bei
- Wochentagen
- Wochentag + Tagesabschnitt
- Datumsangaben

School starts **on Thursday**.
Am Donnerstag fängt die Schule an.
I go swimming **on Fridays**.
Freitags gehe ich schwimmen.
When do you get up **on weekdays**?
Wann stehen Sie unter der Woche auf?
The play is **on Saturday evening** / **on Friday night** / **on Sunday afternoon**.
Das Stück wird am Samstagabend/am Freitagabend/am Sonntagnachmitag gespielt.
What do you do **on Christmas Day**?
Was macht ihr an Weihnachten/am Weihnachtstag?
Christmas Eve is **on December 24th** / **on the 24th of December**.
Heiligabend ist am 24. Dezember.

Feste Wendungen mit on:

on time = pünktlich
on the weekend = am Wochenende (US)

3 *In*

In steht bei
- Monaten
- Jahreszeiten
- Jahren, Jahrzehnten, Jahrhunderten
- Tageszeiten (Ausnahme: at night = nachts)

I'm going on holiday **in June**.
Ich fahre im Juni in Urlaub.
He was born **in 1944**.
Er wurde 1944 geboren.
He moved to New York **in the 1960s**.
Er zog in den Sechzigerjahren nach New York.
The weather is wet **in the winter** / **in the spring** / **in the autumn** / **in the summer**.
Im Winter/Frühling/Sommer/Herbst ist das Wetter feucht.
New England is beautiful **in the fall**. (US)
Neuengland ist schön im Herbst.

Queen Victoria lived **in the 19th century**.
Königin Victoria lebte im 19. Jahrhundert.
Do you prefer working **in the morning, in the afternoon or in the evening**?
Arbeiten Sie lieber morgens, nachmittags oder abends?
She has a cup of tea **in the early/late afternoon**.
Sie trinkt eine Tasse Tee am frühen/späten Nachmittag.

Feste Wendungen mit in:

in time = rechtzeitig
in the end = schließlich, am/zum Schluss

Beachten Sie bitte: Im britischen Englisch werden Jahreszeiten auch ohne Artikel verwendet: in winter / in summer / in autumn / in spring.

4 Weitere Präpositionen der Zeit

1 From/to/until/till

She works **from** nine **to** five.
Sie arbeitet von neun bis fünf.

from … to/until = bis

Tom worked in a London Hotel **from** April **to/until/till** October.
Tom arbeitete in einem Londoner Hotel von April bis Oktober.

from ... till = bis (informal)

I'll be here **from** Tuesday **through** Friday. (US)
Ich werde von Dienstag bis Freitag hier sein.

from ... through = von … bis (einschließlich) (US)

2 Ago

He arrived **ten minutes ago**.
Er traf vor zehn Minuten ein.

... ago = vor …, z.B.:

We moved here **two years ago**.
Wir sind vor zwei Jahren hierher gezogen.

two years ago = vor zwei Jahren

That happened a **long time ago**.
Das geschah vor langer Zeit.

a long time ago = vor langer Zeit

Bei Zeitangaben mit ago steht meistens das *past simple*. (► S. 29, S. 34 *f.*)

3 Since/for

I have been here **since Monday** / **since six o'clock** / **since this morning**.
Ich bin seit Montag/seit sechs Uhr/seit heute Morgen hier.

We've been living here **since 1995** / **since (last) September**.
Wir wohnen hier seit 1995/seit (letzten) September.

since = seit (+ Zeitpunkt), z.B.: since 1995 = seit 1995

I've been here **for a week** / **for two months**.
Ich bin seit einer Woche/seit zwei Monaten hier.

She has been waiting **for two years** / **for a long time**.
Sie wartet schon seit zwei Jahren/seit langem.

for = seit (+ Zeitspanne), z.B.: for a week = seit einer Woche

Bei since/for (seit) steht im Englischen meistens das *present perfect* (*simple* oder *continuous*). (► S. 32 *f.*, S. 34 *f.*, S. 38 *ff.*)

4 By/within/in

Give me your answer **by** Friday.
Geben Sie mir Ihre Antwort bis Freitag.

by = (spätestens) bis, noch vor, schon

Can you finish the work **by** six o'clock?
Können Sie die Arbeit bis sechs Uhr erledigen?

Please answer this letter **within** two weeks.
Bitte beantworten Sie diesen Brief innerhalb von zwei Wochen.

within = innerhalb von

I will be back **within** ten minutes.
Ich bin in zehn Minuten zurück.

I'll be back **in** ten days / **in** a week.
Ich bin in zehn Tagen/in einer Woche zurück.

in = in

5 Before/after/during/between

Phone me **before 8 o'clock** / **after 8 o'clock** / **before lunch** / **after lunch**.
Ruf mich vor acht Uhr/nach acht Uhr/vor dem Mittagessen/nach dem Mittagessen an.

before = vor
after = nach

They talked about the film **during the meal.** Während des Essens redeten sie über den Film.	during = während
When do you have breakfast **during the week**? Wann frühstückst du unter der Woche?	during the week = unter der Woche
Do you eat any snacks **between** meals? Nimmst du zwischen den Mahlzeiten einen Imbiss?	between = zwischen
Happy Hour is **between** 5 pm and 7 pm. Happy Hour ist zwischen fünf und sieben Uhr.	

Beachten Sie bitte: before breakfast/lunch = vor dem Frühstück/Mittagessen; after breakfast/lunch = nach dem Frühstück/Mittagessen.

6 Around/towards

We usually have dinner **around six o'clock.** Normalerweise essen wir so um sechs Uhr.	around = um … herum
The storm started **towards midnight.** Der Sturm kam gegen Mitternacht auf.	towards = gegen

3 Präpositionen des Ortes und der Richtung

1 *At*

At wird für einen bestimmten Punkt verwendet.

He waited **at the bus stop** / **at the corner.**
Er wartete an der Bushaltestelle/an der Ecke.
Let's meet **at the cinema** / **at the theatre.**
Wir treffen uns am Kino/am Theater.
She stopped **at a supermarket.**
Sie hielt an einem Supermarkt.
The train stopped **at a small town** /**at Oxford.**
Der Zug hielt in einer Kleinstadt/in Oxford.
Turn left **at the corner.**
Biegen Sie an der Ecke links ab.
We were **at a party** / **at a concert.**
Wir waren auf einer Party/bei einem Konzert.
I bought it **at the butcher's** / **at the baker's** / **at the chemist's.**
Das habe ich beim Metzger/beim Bäcker/in der Apotheke gekauft.

Andrew is **at school** / **at work** / **at university**.
Andrew ist in der Schule/bei der Arbeit/an der Universität.
Mr Taylor is **at home** / **at his office**.
Herr Taylor ist zu Hause/in seinem Büro.

Beachten Sie bitte:

at school = in **der** Schule
at work = bei **der** Arbeit
at university = an **der** Universität
at home = zu Hause
(► S. 92 f.)

Neben at the corner wird auch on the corner verwendet.

2 *On*

On wird für die Position auf einer Oberfläche verwendet.

The book is **on the table** / **on the shelf**.
Das Buch ist auf dem Tisch/im Regal.
The picture is **on the wall**.
Das Bild hängt an der Wand.
Can you write this word **on the blackboard** / **on a piece of paper**?
Kannst du dieses Wort an die Tafel/auf einen Zettel schreiben?
They are lying **on the beach**.
Sie liegen am Strand.
London lies **on the Thames**.
London liegt an der Themse.
We live **on Chase Street**. (US)
Wir wohnen in der Chase Street.
I met Ralph **on the street yesterday**. (US)
Ich habe Ralph gestern auf der Straße getroffen.

What's on the radio?

Weitere Wendungen mit on:

on a bus/train/plane =
in einem Bus/Zug/Flugzeug
(aber: in a car)
on a trip/journey =
auf einer Reise

on the corner = an der Ecke (auch: at the corner)
on the right/left = auf der rechten/linken Seite, rechts/links
on holiday = in Urlaub, in Ferien
on television = im Fernsehen
on the radio = im Radio
I'm here on business = ich bin geschäftlich hier

Beachten Sie bitte: on the street (US) = in the street (GB)

3 *In*

In wird für die Position in einem Raum verwendet.

She's **in the kitchen** / **in the living room.**
Sie ist in der Küche/im Wohnzimmer.
They live **in a flat** / **in an apartment** / **in an old house.**
Sie wohnen in einer Wohnung/einem Appartement/in einem alten Haus.
We live **in a small town** / **in Berlin.**
Sie wohnen in einer Kleinstadt/in Berlin.

Weitere Wendungen mit in:
in the rain/sun = im Regen / in der Sonne
in the garden = im Garten
in the sky = am Himmel
in the photo/picture = auf dem Foto/Bild
in the south/west/north/east = im Süden/Westen/Norden/Osten
in the street (GB) = auf der Straße

Dorothy works in a hyper-modern office.

4 *To*

To wird für die Richtung zu etwas hin verwendet.

I go **to the supermarket** / **to the baker's** in the afternoon.
Am Nachmittag gehe ich zum Supermarkt/zum Bäcker.
They are moving **to London** / **to a new house.**
Sie ziehen nach London/in ein neues Haus.
Bill goes **to work** at 9 o'clock.
Bill geht um neun Uhr zur Arbeit.

Anne goes **to school** / **to university**.
Anne geht zur Schule/zur Universität.
The train **to London** is late.
Der Zug nach London hat Verspätung.
The journey **to London** was very entertaining.
Die London-Reise war sehr unterhaltsam.

Beachten Sie bitte: go/come home = nach Hause gehen/kommen

5 Weitere Präpositionen des Ortes und der Richtung

1 In front of / behind / next to / between/near/opposite

The cat is **in front of** the sofa / **behind** the sofa. Die Katze ist vor dem Sofa/hinter dem Sofa.	in front of = vor behind = hinter
The cinema is **next to** the pub. Das Kino ist neben dem Pub.	next to = neben
Leeds is **between** Manchester and York. Leeds liegt zwischen Manchester und York.	between = zwischen
The restaurant is **near** the hotel. Das Restaurant ist in der Nähe des Hotels.	near = in der Nähe von
Oxford is **near** London. Oxford liegt in der Nähe von London.	
The school is **opposite** the church. Die Schule ist gegenüber der Kirche.	opposite = gegenüber

2 Along/past/around/across / across from / through

We walked **along** the road / **along** the beach. Wir gingen die Straße/den Strand entlang.	along = entlang
Walk **past** the school. Gehen Sie an der Schule vorbei.	past = an … vorbei

They walked **around** the building.
Sie gingen ums Gebäude herum.

around = um … herum

They went **across** the street.
Sie gingen über die Straße.
We travelled **across** the United States.
Wir reisten quer durch die USA.

across = über, (quer) durch, gegenüber

The cinema is **across from** the hotel. (US)
Das Kino ist gegenüber dem Hotel.

across from = gegenüber (US)

We walked **through** the park.
Wir spazierten durch den Park.

through = durch

3 Into / out of / inside/outside/onto

They went **into** the house.
Sie gingen ins Haus.

into = in (hinein)

We walked **out of** the house.
Wir gingen aus dem Haus.

out of = aus (heraus)

Let's go **inside** (the house).
Lasst uns hineingehen.

inside = drinnen, nach drinnen

When it rains, the children play **inside**.
Wenn es regnet, spielen die Kinder drinnen.

Let's go **outside**.
Lass uns hinausgehen.

outside = draußen, nach draußen

You can park your car **outside** my house.
Du kannst vor dem Haus parken.

outside = vor

The cat jumped **onto** the table.
Die Katze sprang auf den Tisch.

onto = auf (hinauf/herab)

The milk dripped **onto** the floor.
Die Milch tropfte auf den Fußboden.

4 From/towards

Bob is/comes **from** Australia.
Bob kommt aus Australien.

from = aus (Herkunft)

The plane **from** New York has landed.
Das Flugzeug aus New York ist gelandet.

He walked **towards** the sea.
Er ging in Richtung Meer.

They drove **towards** Manchester.
Sie fuhren in Richung Manchester.

towards = in Richtung (auf), auf … zu

5 Over/under/above/below/up/down

That's a nice picture **over** the mantelpiece.
Das ist ein hübsches Bild über dem Kamin.

over = über

The boys climbed **over** the fence.
Die Jungen kletterten über den Zaun.

The dog is **under** the table.
Der Hund liegt unter dem Tisch.

under = unter

There are **over**/**under** 30 people in the room.
Es sind über/unter dreißig Personen im Raum.

The temperature is **above**/**below** zero.
Die Temperatur ist über/unter Null.

above = oberhalb (von), oben

Read the **above** text / the text **below**.
Lies den obenstehenden/untenstehenden Text.

below = unterhalb (von), unten

They walked **up** the hill / **up** the street/road.
Sie gingen den Hügel/die Straße hinauf.

up = hinauf

He ran **down** the stairs / **down** the street/road.
Er lief die Treppe/die Straße hinunter.

down = hinunter

4 Sonstige Präpositionen

He writes **about** films.
Er schreibt über Film.

about = über (ein bestimmtes Thema)

They are talking **about** clothes.
Sie reden über Kleider.

Apart from salad, what is there for dinner?
Was gibt es außer dem Salat zum Abendessen?

apart from = außer

He eats everything **except (for)** potatoes. Er isst alles außer Kartoffeln.	except (for) = außer
'Guernica' is **by** Picasso. „Guernica" ist von Picasso.	by = von (Urheber oder Autor)
'Hamlet' is a play **by** Shakespeare. „Hamlet" ist eine Drama von Shakespeare.	
I go to school **by** bus / **by** train. Ich fahre mit dem Bus/mit dem Zug zur Schule.	by = mit (Transportmittel)
They came **by** plane / **by** ship. Sie kamen mit dem Flugzeug/mit dem Schiff.	Aber: We went on foot. (zu Fuß)
Lord Archer arrived **by** bike/bicycle. Lord Archer kam mit dem Fahrrad.	
The radio is a present **for** my daughter. Das Radio ist ein Geschenk für meine Tochter.	for = für (einen Empfänger)
He buys flowers **for** his secretary. Er kauft Blumen für seine Sekretärin.	
Are you **for** or **against** the European Union? Sind sie für oder gegen die Europäische Union?	for = für (eine Sache oder Person)
Nelson Mandela fought **for** equal rights / **against** apartheid. Nelson Mandela kämpfte für Gleichberechtigung/gegen die Apartheid.	against = gegen (eine Sache oder Person)
I received a letter **from** him. Ich erhielt einen Brief von ihm.	from = von (Herkunft)
I borrowed the book **from** my brother. Ich habe ein Buch von meinem Bruder ausgeliehen.	
Can I have tea **instead** of coffee, please? Kann ich Tee statt Kaffee haben?	instead of = anstelle von, statt
He went to the cinema **instead** of doing his homework. Er ging ins Kino, anstatt seine Hausaufgaben zu machen.	

In spite of his headache he went to work. Trotz seiner Kopfschmerzen ging er zur Arbeit.	in spite of = trotz
She dresses like me, sometimes we wear the same colours. Sie kleidet sich wie ich, manchmal tragen wir dieselben Farben.	like = wie (für Vergleiche)
I can't remember the last part of the film. Ich kann mich nicht an den letzten Teil des Films erinnern.	of = von (für einen Teil von etwas)
The table is made (out) of wood. Der Tisch ist aus Holz.	(out) of = aus (Materialbeschaffenheit)
I gave the present to my daughter. Ich gab das Geschenk meiner Tochter. She wrote a letter to her friend. Sie schrieb ihrer Freundin einen Brief.	to a person = einer Person (für ein Personenobjekt, „Wem?"
I went to the party with a friend. Ich ging mit einem Freund zur Party. Do you drink tea with milk or lemon? Trinken Sie Ihren Tee mit Milch oder Zitrone?	with = (zusammen) mit
She lives with her parents. Sie wohnt bei ihren Eltern. Robert was with British Airways from 1993 to 1997. Robert war von 1993 bis 1997 bei British Airways.	with = bei
I cut the bread with a knife. Ich habe das Brot mit dem Messer geschnitten. He writes with his left hand. Er schreibt mit der linken Hand.	with = mit (Werkzeug, Mittel)
Don't go without me. Geh nicht ohne mich.	without = ohne

Der Satz

1 Satzarten

Im Englischen lassen sich wie im Deutschen folgende Satzarten unterscheiden:

Peter works in a hotel. Peter arbeitet in einem Hotel.	Aussagesätze (*statements*)
Does he like his job? Mag er seine Arbeit?	Fragesätze (*questions*)
Call me back this afternoon. Rufen Sie mich am Nachmittag zurück.	Aufforderungssätze (*imperatives, commands*)
What a beautiful day! Was für ein wundervoller Tag!	Ausrufesätze (*exclamations*)

Daneben gibt es im Englischen noch eine Reihe von Kurzsätzen (*short sentences*):

• Are you Austrian? – **Yes, I am.**	Sind Sie Österreicher? Ja.	Kurzantworten (*short answers*)
• You're German, **aren't you**?	Sie sind Deutscher, nicht wahr?	Frageanhängsel (*question tags*)
• I like country music. – **So do I.**	Ich mag Country-Musik. Ich auch.	Kurzsätze mit so, neither, nor
• I don't like bananas. – **Neither/Nor do I.**	Ich mag keine Bananen. Ich auch nicht.	
• Can you tell me the way to Buckingham Palace? – **I'm afraid not.** – **I think so.**	Können Sie mir sagen, wie ich zum Bucking-ham-Palast komme? Leider nicht./ Ich glaube schon.	Andere Kurzsätze
• I want to learn Russian. – **You do? I don't.** – **You do? I do too.**	Ich möchte Russisch lernen. Ach ja? Ich nicht./ Wirklich? Ich auch.	

2 Aussagesätze

Aussagesätze können bejaht oder verneint sein (*positive/negative statements*).

Diana likes school.	Diana geht gern zur Schule.
Stephen does not like school.	Stephen geht nicht gern zur Schule.

1 Wortstellung in bejahten Aussagesätzen

Die normale Wortstellung im englischen Aussagesatz ist:
Subjekt – Verb – Indirektes Objekt – Direktes Objekt – Adverbiale Bestimmungen
(► S. 128 *ff.*)

Subject	*Verb(s)*	*Indirect object*	*Direct object*	*Adverbial(s)*
Mr Brown	bought	his wife	some flowers	yesterday.
She	is offering	the guests	a glass of wine	in her office.

Subject	*Verb(s)*	*Object(s)*	*Adverbial of place*	*Adverbial of time*
Joshua	saw	Mona	in a restaurant	on Monday evening.
We	bought	a house	in England	last summer.
My friend	's been		to Chicago	before.

2 Wortstellung in verneinten Aussagesätzen mit Hilfs- oder Modalverb

Ein Aussagesatz wird verneint, indem man an das (erste) Hilfsverb (*auxiliary*) oder an das Modalverb (*modal verb*) not oder die Kurzform (*short form*) n't anhängt.

It **is raining**. Es regnet.	It **is not / isn't raining**. Es regnet nicht.
Shirley **has finished** the work. Shirley hat ihre Arbeit erledigt.	She **has not / hasn't finished** the work. Shirley hat ihr Arbeit nicht erledigt.
Liz and Una **can stay** in London. Liz und Una können in London übernachten.	They **cannot / can't stay** in London. Liz und Una können nicht in London übernachten.
It **will rain** tomorrow. Morgen wird es regnen.	It **will not / won't rain** tomorrow. Morgen wird es nicht regnen.

The car **has been sold**.
Das Auto wurde verkauft.

The car **has not** / **hasn't been sold**.
Das Auto wurde nicht verkauft.

3 Wortstellung in verneinten Aussagesätzen ohne Hilfs- oder Modalverb

Wenn kein Hilfs- oder Modalverb vorhanden ist, wird bei der Verneinung eine Form des Hilfsverbs **do** gebraucht. Dies ist der Fall bei den Zeitformen *present simple* (Verneinung mit **don't/ doesn't**) und *past simple* (Verneinung mit **didn't**).

Peter **lives** in Brighton.
Peter wohnt in Brighton.

He **doesn't live** in London.
Er wohnt nicht in London.

His German friends **like** England.
Seinen deutschen Freunden gefällt England.

They **don't like** the weather.
Das Wetter gefällt ihnen nicht.

They **visited** Peter last summer.
Sie haben Peter letzten Sommer besucht.

They **didn't visit** London.
London haben sie nicht besucht.

Beachten Sie bitte, dass Sätze mit dem Vollverb **be** (**be** ist einziges Verb im Satz) anders verneint werden:

They are Scottish. They aren't English.
Sie kommen aus Schottland. Sie sind keine Engländer.

Do wird **nicht** zur Verneinung von Sätzen mit dem Vollverb **be** verwendet.

3 Fragesätze

Man unterscheidet Entscheidungsfragen (*yes/no questions*), auf die man mit **yes** oder **no** antworten kann, und Fragen mit einem Fragewort (*question-word questions*).

Yes/no questions	*Question-word questions*
Do you live in Germany? Leben Sie in Deutschland?	What do you do? Was ist Ihr Beruf?
Can you spell your name? Können Sie Ihren Namen buchstabieren?	When can you write the letter? Wann kannst du den Brief schreiben?

Yes/no questions	*Question-word questions*
Don't you want to come with us? Möchtet ihr nicht mit uns kommen?	Why don't you have another piece of cake? Warum nehmen Sie nicht noch ein Stück Kuchen?
Is that your daughter? Ist das Ihre Tochter?	Who is Sheila? Wer ist Sheila?

Bei Fragen mit einem Fragewort muss unterschieden werden, ob nach dem Subjekt oder nach einem anderen Satzteil gefragt wird:

Who plays tennis? Wer spielt Tennis?	**Diana** plays tennis. Diana spielt Tennis.
What does her brother play? Was spielt ihr Bruder?	Her brother plays **rugby**. Ihr Bruder spielt Rugby.

Fragen nach dem Subjekt werden auf andere Weise gebildet als Fragen nach anderen Satzteilen und Entscheidungsfragen.

1 Wortstellung in Fragen nach dem Subjekt

Wenn nach dem Subjekt eines Aussagesatzes gefragt wird („Wer oder was?") oder nach einem Teil des Subjekts („Wessen / Welche/r/s ...?"), tritt das Fragewort an die Stelle des Subjekts. Die normale Wortstellung des Aussagesatzes (Subjekt + Verb + weitere Ergänzungen) bleibt erhalten. Die Fragestellung mit do ist hier nicht möglich.

• **Who** plays rugby? – **Brandon** plays rugby.	Wer spielt Rugby? Brandon spielt Rugby.
• **What** happened in Green Street yesterday? – **A bad accident** happened in Green Street yesterday.	Was geschah gestern in der Green Street? Ein schlimmer Unfall ereignete sich in der Green Street.
• **Whose brother** likes rugby? – **Diana's brother** likes rugby.	Wessen Bruder mag Rugby? Dianas Bruder mag Rugby.
• **Which scarf** looks nicer with the white jacket? – **The red scarf** looks nicer with the white jacket.	Welches Halstuch passt besser zu der weißen Jacke? Das rote Halstuch passt besser zu der weißen Jacke.

2 Wortstellung in anderen Fragen

1 Sätze mit Hilfs- oder Modalverb

Enthält der Aussagesatz ein Hilfsverb (*auxiliary*) oder Modalverb (*modal verb*), wird die Frage durch Umstellen von Subjekt und Hilfsverb/Modalverb gebildet.

Ryan **is reading** the newspaper. Ryan liest die Zeitung.	**Is** Ryan **reading** the newspaper? Liest Ryan die Zeitung?
They **can get** stamps at the post office in Clark Street. Briefmarken können sie im Postamt in der Clark Street kaufen.	Where **can** they **get** stamps? Wo können sie Briefmarken kaufen?
Mrs Fields **has bought** vegetables at the market. Frau Fields hat auf dem Markt Gemüse gekauft.	What **has** Mrs Fields **bought** at the market? Was hat Frau Fields auf dem Markt gekauft?

2 Sätze ohne Hilfs- oder Modalverb

Wenn im Ausagesatz **kein** Hilfs- oder Modalverb vorhanden ist, wird die Frage mit einer Form des Hilfsverbs **do** gebildet. Dies ist der Fall bei bejahten Aussagen im *present simple* (Fragebildung mit **do/does**) und im *past simple* (Fragebildung mit **did**). **Do/does/did** stehen jeweils vor dem Subjekt.

The Taylors **live** in Orlando, Florida. Die Taylors leben in Orlando, Florida.	**Do** the Taylors **live** in Florida? Leben die Taylors in Florida?
Mr Taylor **works** at Disney World. Herr Taylor arbeitet in Disney World.	Where **does** he **work**? Wo arbeitet er?
They **visited** London last summer. Letztes Jahr haben sie London besucht.	When **did** they **visit** London? Wann haben sie London besucht?

Beachten Sie bitte, dass Fragen mit dem Vollverb **be** (**be** ist einziges Verb im Satz) anders gebildet werden:

John is a teacher.	John ist Lehrer.
Is his wife a teacher too?	Ist seine Frau auch Lehrerin?
Alice was in Glasgow last year.	Alice war letztes Jahr in Glasgow.
Was her husband there too?	War ihr Mann auch dort?

Where was her husband? Wo war ihr Mann?

Do wird **nicht** für die Fragebildung bei Sätzen mit dem Vollverb **be** verwendet.

4 Aufforderungssätze

1 Formen

Aufforderungssätze (*imperatives, commands*) können an eine oder mehrere Personen gerichtet sein. Es gibt nur eine Form für Singular und Plural.

Listen to the tape.
Höre / Hören Sie / Hört die Kassette an.
Sit down. Have a glass of wine.
Setzen Sie sich hin. Nehmen Sie ein Glas Wein!
Do not / Don't look at the text.
Schau nicht auf den Text.

Aufforderungssätze können bejaht oder verneint sein. Bejahte Aufforderungssätze werden mit dem Infinitiv (*infinitive*) gebildet. Verneinte Aufforderungssätze werden mit **Do not** oder der Kurzform **Don't** gebildet.

Aufforderungen, in die der Sprecher sich mit einbezieht, werden mit **Let's (not)** oder (sehr förmlich) **Let us (not)** (lasst uns (nicht), lassen Sie uns (nicht)) und dem Infinitiv gebildet:

Let's take a taxi. Let's not wait for the bus.
Lasst uns ein Taxi nehmen. Lasst uns nicht auf den Bus warten.
Let us begin.
Lassen Sie uns anfangen.

2 Gebrauch

Man gebraucht Aufforderungssätze um

1 Befehle zu erteilen:

Come here. Komm her!
Don't do that. Machen Sie das nicht!

Befehle können mit **please** zu einer Bitte abgeschwächt werden, aber auch indem **do** vorausgestellt oder die **question tags will you / won't you** nachgestellt werden:

Please sit down. / Do sit down. / Sit down, will you? / Sit down, won't you?
Bitte nimm Platz. / Nimm doch Platz. / Setz dich hin! / Setz dich gefälligst hin!

2 Anweisungen zu geben:

Turn left at the traffic lights.
Biegen Sie an der Ampel links ab.
Don't open the machine when it's on.
Öffne die Maschine nicht, während sie läuft.

3 Ratschläge zu erteilen:

Don't worry, be happy.
Mach dir keine Sorgen, sei fröhlich!
Don't be sad. Think of something funny.
Sei nicht traurig. Denk an etwas Lustiges.

4 Vorschläge zu machen:

You look tired. Sit down and have a cup of tea.
Sie sehen müde aus. Nehmen Sie Platz und trinken Sie eine Tasse Tee.
Let's go to the cinema.
Lasst uns ins Kino gehen!

Satzgefüge

1 Relativsätze

Relativsätze (auch: Bezugssätze; *relative clauses*) beziehen sich auf ein Nomen (eine Person, eine Sache, ein Geschehen), welches sie näher bestimmen.

The man **who lives in the flat above** has two noisy dogs.
Der Mann, der in der Wohnung über mir wohnt, hat zwei lärmende Hunde.
The TV show **which we watched last night** was very interesting.
Die Fernsehserie, die wir gestern Abend gesehen haben, war sehr interessant.
This is the umbrella **that Sally gave me for my birthday**.
Dies ist der Schirm, den mir Sally zum Geburtstag geschenkt hat.
The couple **that sold us their house** live in Iowa now.
Das Ehepaar, das uns ihr Haus verkauft hat, wohnt jetzt in Iowa.

I'd like to meet the girl **whose father is a famous actor.**
Ich würde gern das Mädchen kennen lernen, deren Vater ein berühmter Schauspieler ist.

⚠ Die Wortstellung in Relativsätzen ist im Englischen anders als im Deutschen:

The bicycle **which I sold to my neighbour** was a present from my aunt.
Das Fahrrad, **das ich meinem Nachbarn verkaufte**, war ein Geschenk von meiner Tante.

Die Wortstellung im Relativsatz ist im Englischen die gleiche wie im normalen Aussagesatz: Subjekt – Verb – Objekt – Adverbiale Bestimmungen.
(► S. 154)

2 Die Relativpronomen *who/which/that*

Im Englischen unterscheidet man Relativsätze, die sich auf Personen beziehen, und solche, die sich auf Sachen (und Tiere) beziehen. Bei Personen verwendet man das Relativpronomen (*relative pronoun*) who, bei Sachen (und Tieren) which. That kann anstelle von who oder which stehen.

A vegetarian is a person **who/ that doesn't eat meat.**
Ein Vegetarier ist jemand, der kein Fleisch isst.

A dictionary is a book **which/that tells you the meaning of words.**
Ein Wörterbuch ist ein Buch, das die Bedeutung der Worte erklärt.

People who live in glass houses shouldn't throw stones.

3 Notwendige und nichtnotwendige Relativsätze

Notwendige Relativsätze (*defining relative clauses*) enthalten Informationen, die für das Verständnis des Satzes notwendig sind. Vor notwendigen Relativsätzen steht im Englisch kein Komma.
Nichtnotwendige Relativsätze (*non-defining relative clauses*) enthalten zusätzliche, erläuternde Informationen, die nicht unbedingt für das Verständnis des Satzes notwendig sind. Im nichtnotwendigen Relativsatz kann **that nicht** verwendet werden. Nichtnotwendige Relativsätze werden durch Kommas vom übergeordneten Satz abgetrennt.

Defining relative clauses	*Non-defining relative clauses*
Do you know the woman **who/that we saw at the party last week**? Kennst du die Frau, die wir auf der Party letzte Woche gesehen haben?	Mrs Shaw, **who is from Canada**, speaks English and French. Frau Shaw, die aus Kanada kommt, spricht Englisch und Französisch.
This is the coat **which/that I bought at Harrods**. Dies ist der Mantel, den ich bei Harrods gekauft habe.	Is this your new coat, **which you bought at Harrods**? Ist dies dein neuer Mantel, den du bei Harrods gekauft hast?

4 *Who/which/that* im notwendigen Relativsatz

1 *Who/which/that* als Subjekt und Objekt

Who/which/that können Subjekt oder Objekt des Relativsatzes sein:

1 who/which/that als Subjekt des Relativsatzes:

The man **who/that helped us** is my wife's boss.
Der Mann, der uns geholfen hat, ist der Chef meiner Frau.

The letter **which/that came today** is from my friend in New York.
Der Brief, der heute ankam, ist von meinem Freund in New York.

2 who/which/that als Objekt des Relativsatzes:

The man **who/that we saw on the bus** is my new neighbour.
Der Mann, den wir im Bus gesehen haben, ist mein neuer Nachbar.

The letter **which/that I put on the table** is from my friend Laura.
Der Brief, den ich auf den Tisch gelegt habe, ist von meiner Freundin Laura.

2 Sätze ohne Relativpronomen

In manchen Sätzen kann das Relativpronomen weggelassen werden:

The person (who/that) you saw at the party was my brother.
Der Mann, den du auf der Party gesehen hast, war mein Bruder.
The noise (which/that) they heard came from upstairs.
Der Lärm, den sie hörten, kam von oben.

The man I marry must look like Sid Vicious.

Ist das Relativpronomen Objekt des Relativsatzes, kann es wegfallen. Relativsätze ohne Relativpronomen heißen *contact clauses*. Sie sind in der Umgangssprache sehr häufig, besonders wenn das Subjekt ein Pronomen (you/they etc.) ist.

Beachten Sie bitte, dass das Relativpronomen **nicht** wegfallen kann, wenn es Subjekt des Relativsatzes ist:

The colleague **who/that phoned** invited me to a party.
Der Kollege, der anrief, lud mich zu einer Party ein.
We went to the show **which/that started** at 10 pm.
Wir gingen zur Vorstellung, die um zehn Uhr anfing.

3 Übersicht über die Relativpronomen im notwendigen Relativsatz

Das Relativpronomen ...	*bezieht sich auf eine Person:*	*bezieht sich auf eine Sache:*
ist **Subjekt** des Relativsatzes:	who/that	which/that
ist **Objekt** des Relativsatzes:	who/that/Ø	which/that/Ø

5 Weitere Relativpronomen

1 *Whom*

Im förmlichen Englisch kann anstelle von who als Objekt auch whom stehen.

The person who/whom the journalist met for lunch is an important politician.
Der Mann, mit dem sich der Journalist getroffen hat, ist ein wichtiger Politiker.

The people who/whom Lord Marlborough invited couldn't come to the party.
Die Leute, die Lord Marlborough eingeladen hatte, konnten nicht zur Party kommen.

2 *Whose*

Whose bedeutet „dessen/deren“ und bezieht sich auf Personen und Sachen. Whose kann **nie** wegfallen.

That's the woman whose husband owns the jewellery shop in Park Avenue.	Dies ist die Frau, deren Mann das Schmuckgeschäft in der Park Avenue gehört.
Do you know the children whose parents run the Italian restaurant in the centre of town?	Kennt ihr die Kinder, deren Eltern das italienische Restaurant im Stadtzentrum betreiben?
I work for a company whose headquarters are in London.	Ich arbeite für eine Firma, die ihren Sitz in London hat.

3 *When/where*

When und where können als Relativpronomen verwendet werden. When bezieht sich auf eine Zeiteinheit, where auf einen Ort.

There are days when everything goes wrong.	Es gibt Tag, an denen alles schief läuft.
My younger brother doesn't remember the time when we lived in Texas.	Mein jüngerer Bruder erinnert sich nicht an die Zeit, als wir noch in Texas lebten.
The part of town where I live is near the river.	Der Stadtteil, in dem ich wohne, liegt in der Nähe des Flusses.
She only goes to restaurants where they serve vegetarian dishes.	Sie geht nur in Restaurants, die vegetarische Gerichte anbieten.

6 Relativsätze und *contact clauses* mit Präpositionen

1 Präpositionen im notwendigen Relativsatz und in *contact clauses*

Anders als im Deutschen wird die Präposition im Englischen normalerweise nicht vor das Relativpronomen gestellt, sondern ans Ende des Relativsatzes.

The person (who/that) you spoke **to** was my brother.	Die Person, mit der du sprachst, war mein Bruder.

The film (which/that) I was talking **about** is 'Sunset Boulevard'.	Der Film, über den ich sprach, heißt „Sunset Boulevard".
The company (which/that) she works **for** imports tea.	Die Firma, für die sie arbeitet, importiert Tee.
The friend whose house we stayed **in** is an architect.	Der Freund, in dessen Haus wir wohnten, ist Architekt.

Nur in förmlichem Englisch steht die Präposition vor who/which/whose (oder, sehr förmlich, whom):

The person **to** who(m) you spoke was my brother.
Der Junge, mit dem Sie gesprochen haben, war mein Bruder.
The company **for** which she works imports tea.
Die Firma, für die sie arbeitet, importiert Tee.
The friend **in** whose house we stayed is an architect.
Die Freundin, in deren Haus wir übernachteten, ist Architektin.

Bei that ist dies nicht möglich. Die Präposition steht immer am Ende des Relativsatzes:

The person that I spoke **to** was the manager.
Die Frau, mit der ich sprach, war die Geschäftsführerin.
The film that I was talking **about** is 'Sunset Boulevard'.
Der Film, über den ich sprach, heißt „Sunset Boulevard".

2 Präpositionen im nichtnotwendigen Relativsatz

Präpositionen im nichtnotwendigen Relativsatz stehen immer vor dem Relativpronomen.

The Prince of Wales Hotel, **in** which we stayed for one week, was one of the best hotels in town.	Das Prince of Wales Hotel, in dem wir eine Woche gewohnt haben, war eines der besten Hotels in der Stadt.
Mr and Mrs Windsor, **from** who(m) we haven't heard for months, are arriving in one hour.	Herr und Frau Windsor, von denen wir monatelang nichts gehört haben, kommen in einer Stunde an.

The Windsors, at whose house we spent last Christmas, want to sell their holiday cottage in Scotland.

Die Windsors, bei denen wir letztes Jahr Weihnachten gefeiert haben, möchten ihr Landhaus in Schottland verkaufen.

7 Indirekte Rede

Die indirekte Rede (*reported speech*) wird gebraucht um zu berichten, was jemand gesagt, gedacht, geschrieben oder gefragt hat, ohne dass man die Worte der Person wortwörtlich wiedergibt.

Die indirekte Rede kann durch unterschiedliche Verben des Sagens, Meinens, Denkens, Fragens, Versprechens etc. eingeleitet werden. Die wichtigsten sind: **say, tell, think, ask, want to know, dream, promise** (versprechen), **add** (hinzufügen), **mention** (erwähnen).

The tour guide says (that) Oscar Wilde lived here.

Der Reiseführer sagte, dass Oscar Wilde hier gewohnt hat.

He promised (that) he would stop smoking.

Er versprach, mit dem Rauchen aufzuhören.

Our teacher told us (that) English was easy.

Unser Lehrer sagte, Englisch sei einfach.

In his letter he asks when you are coming.

In seinem Brief fragt er, wann ihr kommt.

She wants to know if she can borrow your bicycle tomorrow.

Sie möchte wissen, ob sie sich morgen dein Fahrrad ausleihen kann.

The weather report said (that) there would be rain tomorrow.

Der Wetterbericht sagte, es werde morgen regnen.

8 Indirekte Rede in der Gegenwart

Wenn die indirekte Rede (*reported speech*) durch ein Verb im *present tense* eingeleitet wird, bleibt das Verb im Nebensatz jeweils in derselben Zeit wie in der direkten Rede (*direct speech*).

Sandra says she can't come to the phone right now.
Sandra sagt, sie kann jetzt nicht ans Telefon kommen.

She says she'll call you back in five minutes.
Sie sagt, sie werde dich in fünf Minuten zurückrufen.

1 Aussagen

Beachten Sie bitte, dass that oft weggelassen wird, besonders nach say und tell.

Direct speech	*Reported speech*
"You can go home now." „Sie können jetzt nach Hause gehen."	**She says** I can go home now. Sie sagt, ich könne jetzt nach Hause gehen.
"The weather has been awful." „Das Wetter war fürchterlich."	**He writes that** the weather has been awful. Er schreibt, dass das Wetter fürchterlich gewesen sei.
"The film will be finished soon." „Der Film wird bald vorbei sein."	**They tell me** the film will be finished soon. Sie sagen, dass der Film bald vorbei sein wird.
"There is no hot water in the bathroom." „Im Badezimmer gibt es kein heißes Wasser."	**She is complaining that** there is no hot water in the bathroom. Sie beschwert sich darüber, dass es im Badezimmer kein heißes Wasser gibt.

2 Befehle

Befehle (ebenso wie Aufforderungen, Bitten, Ratschläge im Imperativ) werden in der direkten Rede mit **must**, **have to** oder **should** wiedergegeben. Zur Wiedergabe eines Verbots verwendet man **must not** (nicht dürfen).
(► S. 58, S. 60, S. 64 f.)

Direct speech	*Reported speech*
"Water the plant every day." „Gießen Sie die Pflanze jeden Tag."	The florist says that I **must** / **have to** / **should** water the plant every day. Der Blumenhändler sagte, ich solle die Pflanze jeden Tag gießen.
"Don't smoke in here." „Rauchen Sie hier nicht!"	The safety officer says that we **mustn't** smoke in here. Der Sicherheitsoffizier sagt, wir dürften hier nicht rauchen.

3 Fragen

Bei der indirekten Frage wird das Fragewort der direkten Frage beibehalten. Bei Fragen, die man mit Ja/Nein beantworten kann, gebraucht man **if** (ob) oder **whether** (ob).

Direct speech	*Reported speech*
"What's the problem?" „Was ist los?"	**He's asking what** the problem is. Er fragt, was los sei.
"When are you getting married?" „Wann heiratet ihr?"	**Mother asks in her letter when** we are getting married. Mutter fragt in ihrem Brief, wann wir heiraten.
"Are you coming?" „Kommt ihr?"	**She asks if/whether** we are coming. Sie fragt, ob wir kommen.

Beachten Sie bitte:

1 Die Wortstellung in der indirekten Frage ist anders als in der direkten Frage:

Direct speech	*Reported speech*
"**Is Peter** at home?" „Ist Peter zu Hause?"	Do you know if **Peter** is at home? Wissen Sie, ob Peter zu Hause ist?
"**Does Ian play** tennis?" „Spielt Ian Tennis?"	He wants to know **if Ian** plays tennis. Er möchte wissen, ob Ian Tennis spielt.
"Where **did she go**?" „Wo ging sie hin?"	Can you tell me where **she went**? Könnt ihr mir sagen, wohin sie ging?
"**Have you eaten**?" „Habt ihr gegessen?"	They ask if **we've eaten**. Sie fragen, ob wir gegessen haben.

Die Wortstellung in der indirekten Frage ist die gleiche wie im Aussagesatz:

Subjekt – Verb – Objekt – Adverbiale Bestimmung(en). Das Hilfsverb do fällt weg.

2 Indirekte Fragen sind höflicher als direkte. Sie werden häufig verwendet, wenn man um eine Auskunft bittet:

Can/Could you please tell me at what time the film starts?
Könnten Sie mir bitte sagen, wann der Film anfängt?

Do you know when the restaurant closes?
Weißt du, wann das Restaurant schließt?

9 Indirekte Rede in der Vergangenheit

Wenn die indirekte Rede durch ein Verb im *past simple* eingeführt wird (d.h., wenn etwas aus der Vergangenheit berichtet wird), muss meistens die Zeitform im Nebensatz geändert werden.

Tom said that he had a new job. He told me that he would buy a new car.
Tom sagte, er habe eine neue Arbeitsstelle. Er erzählte mir, er werde sich ein neues Auto kaufen.

1 Aussagen

Änderung der Zeitformen (*tenses*):

	Direct speech	*Reported speech*
1	*Present simple / present continuous*	*Past simple / past continuous*
	"I'**m** hungry." „Ich habe Hunger."	He said he **was** hungry. Er sagte, er habe Hunger.
	"We **don't want** to go." „Wir möchten nicht gehen."	They said they **didn't want** to go. Sie sagten, sie wollten nicht gehen.
	"I'**m going** out." „Ich gehe aus."	She said she **was going** out. Sie sagte, sie gehe aus.
2	*Past simple*	*Past simple or past perfect*
	"I **didn't do** it." „Ich war es nicht."	She said that she **didn't do** it. / She said that she **hadn't done** it. Sie sagte, sie sei es nicht gewesen.
	"I **wasn't** there." „Ich war nicht dort."	He said he **wasn't** there. / He said he **hadn't been** there. Er sagte, er sei nicht dort gewesen.
3	*Present perfect*	*Past perfect*
	"He **hasn't given** me an answer." „Er hat mir keine Antwort gegeben."	She told me that he **hadn't given** her an answer. Sie sagte mir, er habe ihr keine Antwort gegeben.
4	*Will/can/must/may*	*Would/could/had to/might*
	"It **will** rain this afternoon." „Es wird am Nachmittag regnen."	The paper said it **would** rain in the afternoon. In der Zeitung steht, es werde am Nachmittag regnen.

Direct speech	*Reported speech*
"I **can**'t come." „Ich kann nicht kommen."	She said she **couldn't** come. Sie sagte, sie könne nicht kommen.
"You **must** do it." „Das müssen Sie tun."	He said I **had to** do it. Er sagte, ich müsse es tun.
"You **may** be right." „Du magst Recht haben."	He said I **might** be right. Er sagte, dass ich wohl Recht hätte.

Beachten Sie bitte, dass einige Formen sich in der indirekten Rede **nicht** ändern:

Direct speech	*Reported speech*
"I **had left** before they **arrived**." „Ich war gegangen, bevor sie eintrafen."	He said he **had left** before they (**had**) **arrived**. Er sagte, er sei gegangen, bevor sie eingetroffen seien.
"I **couldn't do** that to my best friend." „Das könnte ich meiner besten Freundin nicht antun."	She said she **couldn't do** that to her best friend. Sie sagte, das könne sie ihrer besten Freundin nicht antun.
"I **would like** to learn German." „Ich würde gern Deutsch lernen."	Peter told me that he **would like to** learn German. Peter erzählte mir, er wolle gern Deutsch lernen.
"She **might** already be at home." „Vielleicht ist sie schon zu Hause."	Henry thought that she **might** already be at home. Henry glaubte, sie sei womöglich schon zu Hause.
"You **should** stay in bed for a few days." „Sie sollten ein paar Tage im Bett bleiben."	The doctor said I **should** stay in bed for a few days. Der Arzt sagte, ich solle ein paar Tage im Bett bleiben.

Verben im *past perfect* sowie **would**, **could** (könnte), **might** und **should** bleiben unverändert. Das *past simple* kann zu *past perfect* geändert werden, muss es aber nicht.

2 Befehle

Befehle (ebenso Bitten und Aufforderungen im Imperativ) stehen in der indirekten Rede meistens im Infinitiv.

Direct speech	*Reported speech*
"Get up!" „Steh auf!"	He told me **to get** up. Er befahl mir aufzustehen.
"Pay the bill immediately." „Zahlen Sie sofort diese Rechnung!"	They ordered us **to pay** the bill immediately. Sie wiesen uns an, die Rechnung sofort zu bezahlen.
"Move your car, please." „Fahren Sie bitte Ihren Wagen weg!"	She asked me **to move** my car. Sie bat mich, meinen Wagen wegzufahren.
"Don't forget your keys." „Vergiss die Schlüssel nicht!"	She told me **not to forget** my keys. Sie riet mir, die Schlüssel nicht zu vergessen.

Folgende Wendungen werden verwendet:

tell somebody (not) to do something	jemandem sagen, etwas (nicht) zu tun
ask somebody (not) to do something	jemanden bitten, etwas (nicht) zu tun
order somebody (not) to do something	jemandem befehlen, etwas (nicht) zu tun

Vorschläge in der indirekten Rede kann man mit suggest (+ Gerundium) wiedergeben:

Direct speech	*Reported speech*
"Let's go out tonight." „Lass uns heute Abend ausgehen."	She suggested going out tonight. Sie schlug vor, heute Abend auszugehen.

3 Fragen

Bei indirekten Fragen, die durch ein Verb im *past simple* eingeleitet werden, ändern sich die Zeitformen genau wie in Aussagesätzen. (► S. 168 *f.*)

Direct speech	*Reported speech*
"What are you doing?" „Was machst du gerade?"	He asked me what **I was doing**. Er fragte mich, was ich gerade tat.
"Are you going to London?" „Fahren Sie nach London?"	They asked me whether/if I **was going** to London. Sie fragten mich, ob ich nach London fahren wolle.
"When did she arrive?" „Wann ist sie angekommen?"	He wanted to know when she **arrived** / **had arrived**. Er wollte wissen, wann sie angekommen war.

Indirekte Fragen mit dem einleitenden Verb im *past simple* werden im Englischen häufig verwendet, wenn man jemanden um eine Auskunft oder um einen Gefallen bittet. Sie sind höflicher als direkte Fragen:

> I wanted to ask how much it would be.
> Ich möchte gern wissen, wie viel es kostet.
> I wondered if you would help me.
> Würden Sie mir bitte helfen?

4 Änderungen der Orts- und Zeitangaben

Orts- und Zeitangaben müssen in der indirekten Rede oft verändert werden:

Direct speech	*Reported speech*
"I really like **this hotel**." „Dieses Hotel gefällt mir wirklich."	Sarah said she really liked **that hotel**. Sie sagte, dieses Hotel gefalle ihr wirklich.
"Please stay **here**." „Bitte bleiben Sie hier."	Peter asked me to stay **there**. Peter bat mich, dort zu bleiben.
"Can you do it **now**?" „Kannst du das jetzt machen?"	He asked me if I could do it **then**. Er fragte mich, ob ich das dann machen könne.

Direct speech	*Reported speech*
"Will you help me **tomorrow**?" „Wirst du mir morgen helfen?"	She wanted to know if I would help her the **next/following** day. Sie wollte wissen, ob ich ihr am nächsten Tag helfen könne.
"I'll stay at home **today**." „Ich bleibe heute zu Hause."	She said she would stay at home **(on) that day**. Sie sagte, sie wolle an diesem Tag zu Hause bleiben.
"I woke up early **this morning**." „Ich bin heute Morgen früh aufgewacht."	He told me that he had woken up early **that morning**. Er sagte mir, er sei an diesem Morgen früh aufgewacht.

Hier sind die wichtigsten Änderungen:

this/these	that/those
here	there
now	then, at that time
today	(on) that day
two days ago	two days before/earlier
yesterday	the day before, the previous day
tomorrow	the next/following day
next week	the following week, a week later

10 Bedingungssätze

Bedingungssätze (*conditional sentences*) bestehen aus einem Hauptsatz (*main clause*) und einem Nebensatz mit if (*if*-Satz; *if-clause*). Im *if*-Satz wird die Bedingung genannt, unter der etwas geschehen wird oder würde oder auch geschehen wäre.
Es gibt verschiedenen Arten von Bedingungssätzen, die mit verschiedenen Zeitformen (*tenses*) gebildet werden. Die Zeitform gibt an, ob der Sprecher die Erfüllung der Bedingung für möglich, unwahrscheinlich oder unmöglich hält.

I will come with you **if I have time**.
Ich komme mit dir, wenn ich Zeit habe.
If I had more money, I would buy a new car.
Wenn ich mehr Geld hätte, würde ich mir ein neues Auto kaufen.

I would buy you a castle if I were a millionaire.
Ich würde dir ein Schloss kaufen, wenn ich Millionär wäre.
If you had asked me, I would have helped you.
Wenn du mich gebeten hättest, hätte ich dir geholfen.

⚠ Vor **if** steht kein Komma. Geht der **if**-Satz dem Hauptsatz voraus, wird er normalerweise durch ein Komma abgetrennt.

Man unterscheidet drei Arten von **if**-Sätzen:

Typ 1	I go skiing if there is snow.	(d.h. immer, wenn es Schnee gibt)
	I'll go skiing if there is snow.	(z.B. nächste Woche, falls es Schnee gibt)
Typ 2	I would go skiing if there were snow.	(d.h. jetzt oder später, wenn es Schnee gäbe)
Typ 3	I would have gone skiing if there had been snow.	(z.B. letztes Jahr, wenn es Schnee gegeben hätte)

Bei den Sätzen von Typ 1 besteht durchaus die **Möglichkeit** zum Schifahren; der erste Satz bezieht sich auf irgendwann jetzt oder später, der zweite nur auf die Zukunft.

Bei dem Satz von Typ 2 wird über etwas **Unwahrscheinliches** spekuliert (die Wetterlage sieht überhaupt nicht nach Schnee aus) und bei dem Satz von Typ 3 über etwas **Unmögliches** (es gab damals überhaupt keinen Schnee).

Beachten Sie bitte den Unterschied zwischen **if** und **when**:

If I have time, I'll make a cake. (= I don't know whether I'll have time.)	Falls ich Zeit habe, werde ich einen Kuchen backen.
When I have time, I'll make a cake. (= As soon as I have time, I'll make a cake.)	Sobald ich Zeit habe, werde ich einen Kuchen backen.

Durch **if** (wenn, falls) wird eine Bedingung ausgedrückt, die erfüllt wird oder nicht. Durch **when** (wenn, sobald, immer wenn) wird ausgesagt, wann etwas stattfindet.

11 *If*-Sätze Typ 1: realistische Bedingungen

If you **go down** that road, you **come** to a village.
Wenn Sie die Straße hinunter gehen, kommen Sie zu einem Dorf.

You'**ll miss** the plane if the train **is** late.
Du wirst das Flugzeug verpassen, wenn der Zug Verspätung hat.

If it **rains** tomorrow, we **will go** to the cinema.
Wenn es morgen regnet, gehen wir ins Kino.

If-clause	*Main clause*
if + *present simple*	*present simple*
if + *present simple*	will + *main verb*

Die Bedingung im *if*-Satz (*if-clause*) ist in allen drei Beispielen erfüllbar.

Im Hauptsatz (*main clause*) steht *present simple* oder *will-future*, je nachdem ob er sich auf die Gegenwart oder die Zukunft bezieht.

Im *if*-Satz darf will **nicht** verwendet werden.

Anstelle von will könnte im Hauptsatz auch ein anderes Modalverb (*modal verb*) oder die Befehlsform (*imperative*) stehen:

If the train's late, you **could**/**may** miss the plane.	Wenn der Zug Verspätung hat, könntest du das Flugezug verpassen.
You **must**/**should** visit Buckingham Palace if you go to London.	Du musst/solltest den Buckingham-Palast besuchen, wenn du nach London fährst.
Phone me if you want to come with us.	Ruft mich an, wenn ihr mit uns kommen wollt.

12 *If*-Sätze Typ 2: unrealistische Bedingungen

If I **knew** the answer,
I **would tell** you.
Wenn ich die Antwort wüsste,
würde ich sie dir sagen.
If I **were** you, I'**d accept**
the invitation.
Wenn ich du wäre, würde ich
die Einladung annehmen.
What **would** you **do** if you
won the lottery?
Was würdest du tun, wenn du in
der Lotterie gewinnen würdest?

If-clause	*Main clause*
if + *past simple*	would + *main verb*

Hier ist die im *if*-Satz (*if-clause*) ausgedrückte Bedingung unrealistisch.
Im Haupsatz (*main clause*) steht would (oder die Kurzform 'd) im *if*-Satz *past simple*.

Im Hauptsatz könnten auch could oder might stehen:

If I won the lottery, I could buy a house.
Wenn ich in der Lotterie gewinnen würde, könnte ich mir ein Haus kaufen.
If petrol were more expensive, people might drive less.
Wenn das Benzin teurer wäre, würden die Leute weniger mit dem Auto fahren.

Beachten Sie bitte:

1 Im Englischen darf would im *if*-Satz nicht verwendet werden:

If I **won** the lottery, … Wenn ich im Lotto **gewinnen würde**, …

2 Die Form von be im *if*-Satz (Typ 2) ist in allen Personen gleich:

If I **were** rich, I would buy a house at the sea.
Wenn ich reich wäre, würde ich mir ein Haus am Meer kaufen.
If my husband **were** here, he would be angry.
Wenn mein Mann hier wäre, wäre er sehr verärgert.

Nach if + I/he/she/it steht normalerweise die Form were. In der Umgangssprache ist aber auch was möglich:
If I was rich ..., If my husband was here ...

13 *If*-Sätze Typ 3: unmögliche Bedingungen

If he **had accepted** my advice, he **would be** a rich man today.
Wenn er meinen Rat angenommen hätte, wäre er heute ein reicher Mann.

If the train **hadn't been** late, I **wouldn't have arrived** late.
Wenn der Zug nicht Verpätung gehabt hätte, wäre ich nicht zu spät gekommen.

If Napoleon **hadn't invaded** Russia, he **would have governed** France for a lot longer.
Wäre Napoleon nicht in Russland einmarschiert, hätte er viel länger in Frankreich herrschen können.

If-clause	*Main clause*
if + *past perfect simple*	would + *main verb*
if + *past perfect simple*	would + have + *past participle*

Die Bedingungen sind nicht nur unrealistisch, sondern unmöglich und nicht mehr erfüllbar.

Auch hier können im Hauptsatz could und might verwendet werden:	If I had arrived at the station five minutes earlier, I **could** have caught the earlier train.	Wenn ich nur fünf Minuten früher am Bahnhof angekommen wäre, hätte ich den früheren Zug erwischen können.
	My life **might** have been happier if I had met you twenty years ago.	Mein Leben wäre wohl glücklicher verlaufen, wenn wir uns zwanzig Jahre früher begegnet wären.

Beachten Sie bitte, dass folgende *short forms* in *if*-Sätzen (Typ 3) verwendet werden können:

> If I'd known, I'd have told her.
> Wenn ich das gewusst hätte, hätte ich es ihr gesagt.
> If she'd known, she would've told me.
> Wenn sie das gewusst hätte, hätte sie es mir gesagt.
> If I'd known, I'd've told her. (nur im gesprochenen Englisch)
> Wenn ich das gewusst hätte, hätte ich es ihr gesagt.
>
> 'd ist die *short form* von would und had.

14 *Unless*

Unless (außer, es sei denn, wenn … nicht) bedeutet so viel wie if ... not.

> They won't come **unless** you invite them. (= ... **if** you d**on't** invite them.)
> The match will be tomorrow **unless** it rains. (= ... **if** it **doesn't** rain.)

Kurzsätze

1 Kurzantworten mit *yes* und *no*

• Are you German?	Sind Sie Deutsche?
– **Yes, I am.**	Ja.
• Is the shop open?	Ist das Geschäft geöffnet?
– **No, it isn't.**	Nein.
• Can you help me?	Können Sie mir helfen?
– **Yes, I can.**	Ja.

1 Bildung

• Is your husband a pilot?	Ist ihr Mann Pilot?
– Yes, he is. / No, he isn't.	Ja./Nein.
• Are you hungry?	Hast du Hunger?
– Yes, I am. / No, I'm not.	Ja./Nein.
• Has Bob got a car?	Hat Bob ein Auto?
– Yes, he has. / No, he hasn't.	Ja./Nein.

• Can you drive?	Können Sie Auto fahren?
– Yes, I can. / No, I can't.	Ja./Nein.
• Do your parents live in London?	Wohnen eure Eltern in London?
– Yes, they do. / No, they don't.	Ja./Nein.

Kurzantworten (*short answers*) sind eigentlich verkürzte Aussagesätze:

• Is your husband a pilot?	Ist ihr Mann Pilot?
– Yes, he is (a pilot). / No, he isn't (a pilot).	Ja, er ist Pilot./Nein, er ist kein Pilot.
• Are you hungry?	Hast du Hunger?
– Yes, I am (hungry). / No, I'm not (hungry).	Ja, ich habe Hunger./Nein, ich habe keinen Hunger.
• Has Bob got a car?	Hat Bob ein Auto?
– Yes, he has (got a car). / No, he hasn't (got a car).	Ja, er hat ein Auto./Nein, er hat kein Auto.
• Can you drive?	Können Sie Auto fahren?
– Yes, I can (drive). / No, I can't (drive).	Ja, ich kann Auto fahren./Nein, ich kann nicht Auto fahren.

Das Pronomen in der Kurzantwort nimmt das Subjekt des Fragesatzes wieder auf. In bejahten Kurzantworten wird die Langform (*long form*) des Hilfs- oder Modalverbs oder des Vollverbs **be**, in verneinten Kurzantworten die Kurzform (*short form*) verwendet.

2 Gebrauch

Im Englischen werden Fragen, die als Antwort Ja oder Nein erfordern Entscheidungsfragen; *yes/no questions*), selten mit einem einfachen **yes** oder **no** beantwortet. Meist werden Kurzantworten als höflicher empfunden.
Yes und **no** werden meistens ohne anschließenden Kurzsatz gebraucht, wenn die Antwort weitere Informationen enthält:

• Is your wife a teacher?	Ist Ihre Frau Lehrerin?
– No, she's a doctor.	Nein, sie ist Ärztin.
• Are you from Germany?	Kommt ihr aus Deutschland?
– Yes, we're from Dresden. We're in London on holiday.	Ja, wir sind aus Dresden. Wir verbringen unseren Urlaub in London.

2 Question tags

You're English, **aren't you**?
Sie sind Engländer, nicht wahr?
Cary isn't Canadian, **is he**?
Cary ist kein Kanadier, oder?
He hasn't phoned, **has he**?
Er hat nicht angerufen, oder?
Susan doesn't live in London, **does she**?
Susan lebt nicht in London, nicht wahr?
Bill and Anne left yesterday, **didn't they**?
Bill und Anne sind gestern weggefahren, nicht?

1 Bildung

Question tags (Frageanhängsel) werden wie Kurzantworten mit Hilfs- oder Modalverben oder dem Vollverb be gebildet. Bei bejahten Aussagen ist das *question tag* verneint, bei verneinten Aussagen ist das *question tag* bejaht. Das *question tag* nimmt das Hilfsverb/Modalverb oder das Vollverb be des Aussagesatzes wieder auf.

It's a lovely day, **isn't it**?
Ein schöner Tag, nicht?
He's got a great house, **hasn't he**?
Hat er nicht ein tolles Haus?
She can play chess, **can't she**?
Sie kann Schach spielen, nicht wahr?

It isn't raining, **is it**?
Es regnet nicht, oder?
He hasn't phoned, **has he**?
Er hat nicht angerufen, oder?
Thomas can't cook, **can he**?
Thomas kann nicht kochen, oder?

Question tags können auch zu Sätzen gebildet werden, die kein Hilfsverb/Modalverb enthalten:

You like coffee, **don't you**? (Vgl.: No, I don't like coffee.)
Du trinkst gern Kaffee, nicht?

They went out for dinner, **didn't they**? (Vgl.: No, they didn't go out for dinner.)
Sie sind Abendessen gegangen, nicht wahr?

Bei bejahten Aussagesätzen im *present simple* und *past simple*, die kein Hilfs- oder Modalverb enthalten, bildet man die *question tags* wie die entsprechenden verneinten Sätze mit don't/doesn't bzw. didn't.

2 Gebrauch

Question tags kommen fast nur im Gespräch vor. Sie stehen anstelle des deutschen „nicht wahr?“, „oder (nicht)?“, werden aber im Englischen viel häufiger verwendet, insbesondere bei Kommentaren zum Wetter:

Great day, isn't it?	Toller Tag, nicht wahr?
• Horrible weather.	Schreckliches Wetter!
– Yes, it is, isn't it?	Oh ja.

3 Kurzsätze des Vergleichs mit *so/nor/neither / not ... either / too*

Durch Kurzsätze mit so/nor/neither stellt man einen Bezug zu einem vorangegangenen Aussagesatz her und vergleicht, ob die Aussage auch mit den eigenen Vorlieben oder Abneigungen übereinstimmt.

• I like pop music.	Ich mag Popmusik.
– So do I.	Ich auch.
• I don't like techno.	Ich mag keinen Techno.
– Nor do I. / Neither do I.	Ich auch nicht.

Im Kurzsatz wird das Hilfs- oder Modalverb oder das Vollverb be des vorangehenden Aussagesatzes wieder aufgenommen:

Tom **doesn't speak** Spanish.	Nor/Neither **does** Jerry.
Tom spricht kein Spanisch.	Jerry auch nicht.
He **has** never **been** to Spain.	Nor/Neither **have we**.
Er war nie in Spanien.	Wir auch nicht.
Mary **is** a teacher.	So **is** Jane.
Mary ist Lehrerin.	Jane auch.
Carmen **can dance** the flamenco.	So **can** my Spanish friend.
Carmen kann Flamenco tanzen.	Mein spanischer Freund auch.

Kurzsätze kann man auch zu Sätzen ohne Hilfs- oder Modalverb bilden:

Chris likes Scotland.	So does Karen.
Chris mag Schottland.	Karen auch.
He went to Scotland in the summer.	So did she.
Diesen Sommer ist er nach Schottland gefahren.	Sie auch.

Kurzsätze, die sich auf bejahte Sätze im *present simple* und *past simple* beziehen, werden wie die Frage und Verneinung mit **do/does** bzw. **did** gebildet. Beachten Sie bitte:

1 In der Umgangssprache verwendet man häufig Kurzsätze mit **not ... either** (auch nicht) oder mit **too** (auch) anstelle von Kurzsätzen mit **neither/nor** oder **so**:

I don't like onions. Ich mag keine Zwiebeln.	I don't either. (= Neither/Nor do I.) Ich auch nicht.
I'm hungry. Ich habe Hunger.	I am too. / Me too. (= So am I.) Ich auch.

2 So/nor/neither / not ... either / too können auch in einem Folgesatz nach and vorkommen:

I can't drive and **neither** can my sister.
Ich kann nicht Auto fahren, und meine Schwester auch nicht.
Angie doesn't like Christmas and **nor** does Bruce.
Angie kann Weihnachten nicht leiden, und Bruce auch nicht.
Tom likes jazz and **so** does Tim.
Tom mag Jazz, und Tim auch.
I can't drive and my sister ca**n't either**.
Ich kann nicht Auto fahren, und meine Schwester auch nicht.
Angie doesn't like Christmas and Bruce does**n't either**.
Angie kann Weihnachten nicht leiden, und Bruce auch nicht.
Tom likes jazz and Tim does **too**.
Tom mag Jazz, und Tim auch.

4 Andere Kurzsätze des Vergleichs

1 Zustimmung/Widerspruch

Um seiner zustimmenden oder widersprechenden Reaktion auf eine vorangegangene Aussage mehr Nachdruck zu verleihen, kann man in der Umgangssprache eine verkürzte Frage vor eine Kurzantwort stellen. Sowohl die Kurzfrage als auch die Kurzantwort enthalten das Hilfs- oder Modalverb des vorangegangenen Satzes.

• I don't like musicals at all.		Ich kann Musicals nicht ausstehen.
– **Don't you?** I don't either.		Ach nein? Ich auch nicht.
– **Don't you?** I do.		Ach nein? Ich schon.
• I can sing English folksongs.		Ich kann englische Volkslieder singen.
– **Can you?** I can too.		Ach ja? Ich auch.
– **Can you?** I can't.		Ach ja? ich nicht.
• I haven't been to the opera before.		Ich war noch nie in der Oper.
– **Haven't you?** I haven't either.		Ach nein? Ich auch nicht.
– **Haven't you?** I have.		Ach nein? Ich schon.

Kurzsätze können sich auch auf Sätze ohne Hilfs- oder Modalverb beziehen:

• I love operas.		Ich liebe Opern.
– **Do you?** I do too.	(Zustimmung)	Ach ja? Ich auch.
– **Do you?** I don't.	(Widerspruch)	Ach ja? Ich nicht.
• I am tired.		Ich bin müde.
– **Are you?** I am too.	(Zustimmung)	So? Ich auch.
– **Are you?** I'm not.	(Widerspruch	So? Ich nicht.

Beachten Sie bitte: Man kann den Kurzsatz, der einen Widerspruch ausdrückt, auch mit dem Aussagesatz durch but verbinden:

Shelley loves operas, but I don't.
Shelley mag Opern, aber ich nicht.
She doesn't like musicals, but I do.
Sie mag keine Musicals, aber ich schon.
She hasn't been to the opera before, but I have.
Sie war noch nie in der Oper, aber ich schon.

Jemima loves the rain, but Henrietta doesn't.

2 Stellungnahme

Kurzsätze werden auch bei Stellungnahmen zu einer vorangehenden Aussage verwendet:

• Will Lucy win the tennis match?	– I hope so. – I hope not.	Ich hoffe es. / Ich hoffe ja. Ich hoffe nicht.
• Is she fit for the match?	– I think so. – I think not. / – I don't think so.	Ich glaube es. Ich glaube nicht.
• Did Charlie lose the last match?	– I'm afraid so.	Leider.
• Can you play tennis too?	– I'm afraid not.	Leider nicht. / Ich fürchte nicht.
• Do you want to learn it?	– I guess so. / I suppose so. – I guess not. / I suppose not.	Vielleicht. Ich glaube nicht.

Nachgestelltes **so** oder **not** wird nach Verben des Meinens und Vermutens wie **hope, think, guess, suppose** und nach **I'm afraid** verwendet.

1 Aussprache und Intonation

Die Aussprache (*pronunciation*) besteht aus verschiedenen Lauten (*sounds*) einerseits und dem Rhythmus und der Melodie der Sprache (*intonation*) andererseits.

1 Laute

Englisch ist eine Weltsprache, die in so weit auseinander liegenden Ländern wie Australien, Kanada, Jamaica, Irland und Zimbabwe gesprochen wird. Die Grammatik ist überall praktisch gleich, die Aussprache variiert aber ganz beträchtlich. Es gibt keine für alle Länder gültige korrekte Aussprache. Unsere Beispiele basieren auf dem britischen Standard-Englisch, wie es von den meisten Nachrichtensprechern des BBC World Service gesprochen wird.

Die Aussprache von englischen Wörtern folgt nur bedingt generellen Regeln; man weiß also nicht automatisch, wie ein Wort ausgesprochen wird, wenn man es zum ersten Mal sieht. Darum ist es wichtig sich mit der internationalen Lautschrift (International Phonetic Alphabet oder IPA) vertraut zu machen, die in den gängigen Wörterbüchern verwendet wird, um die Aussprache anzugeben. Die Tabelle auf der letzten Seite Ihres Vokabelheftes (*Vocabulary*) gibt eine Übersicht über die phonetischen Zeichen (Lautschrift) mit englischen und, wo immer möglich, deutschen Beispielen. Folgende Laute unterscheiden sich vom Deutschen:

1 Konsonanten (auch Mitlaute; *consonants*)

[θ]	thin	stimmloser Lispellaut
[ð]	this	stimmhafter Lispellaut

Die Zungenspitze zwischen die Zähne legen und leicht blasen; bei Schwierigkeiten eher zum t/d als zum s hin aussprechen.

Beachten Sie bitte die Aussprache der Buchstaben v/w:

[v]	valley	Wird immer wie in Vase, Wasser ausgesprochen.
[w]	where	Darf **nicht** wie das deutsche w ausgesprochen werden, sondern eher wie, genau wie im englischen one.

[r]	room	Unterscheidet sich völlig vom gerollten oder dem Rachen-r. Wird nur vor Vokalen (a, e, i, o, u) ausgesprochen, nicht in Wörtern wie car. (► SIEHE UNTEN)

2 Vokale (auch: Selbstlaute; *vowels*)

[æ]		fat wie in Wäsche, aber mehr zum a hin
[ʌ]		love, much fast wie in matt, aber etwas heller
[ɜː]	flirt	wie in Mörder, aber offener
[eɪ]	made	e und i hintereinander aussprechen, wie in milkshake oder hey!
[ɪə]	near	wie in Bier
[əʊ]	note	o und u hintereinander aussprechen

2 Amerikanisches Englisch

Die Hauptunterschiede in der Aussprache des amerikanischen und britischen Englisch sind:

- Das r in Wörtern wie car, market, player wird im amerikanischen Englisch ausgesprochen.
- Das t in Wörtern wie water, matter wird im amerikanischen Englisch wie ein d ausgesprochen; Wörter wie winter, international klingen wie winner, innernational.
- Der [ɑː]-Laut im britischen Englisch in Wörtern wie bath, dance wird im Amerikanischen [æ] wie in fat ausgesprochen.
- Wörter im britischen Englisch mit dem [ɒ]-Laut wie got werden im Amerikanischen [ɑː] wie in father ausgesprochen.

Während im britischen Englisch ein deutlicher Unterschied zwischen can [kæn] und can't [kɑnt] zu hören ist, werden im Amerikanischen beide Wörter mit dem [æ]-Laut ausgesprochen: can [kæn], can't [kænt].

3 Laute und ihre Schreibweise

Anders als im Deutschen gibt es im Englischen keine festen Schreib- und Ausspracheregeln. Es gibt z.B. Wörter,

- die gleich geschrieben, aber verschieden ausgesprochen werden: book [bʊk], food [fuːd], blood [blʌd];
- die verschieden geschrieben, aber gleich ausgesprochen werden: fair/fare, sun/son;

- die gleich geschrieben werden, sich aber in Aussprache und Bedeutung unterscheiden: **tear** ([tɪə] = Träne oder [teə] = zerreißen);
- die stumme Buchstaben enthalten: **knife, bought, could, answer, which, psychology, sign.**

Beachten Sie bitte, dass das stumme **-e** am Ende eines Wortes dessen Aussprache normalerweise völlig verändert:

hat [hæt]	**hate** [heɪt]
pet [pet]	**Pete** [piːt]
will [wɪl]	**while** [waɪl]
not [nɒt]	**note** [nəʊt]
cut [kʌt]	**cute** [kjuːt]

Lerntipp: Lernen Sie nicht nur die Bedeutung und Schreibweise eines neuen Wortes, sondern auch, wie es ausgesprochen wird!

4 Betonung im Wort

Ein Wort besteht aus einer oder mehreren Silben (**syllables**), z.B. **teacher** hat zwei Silben: **tea** und **cher**. Eine Silbe innerhalb eines Wortes trägt die Hauptbetonung (**main stress**); im Wort **teacher** ist die erste Silbe betont (**TEAcher**), im Wort **about** die zweite (**aBOUT**). In Wörterbüchern steht das Zeichen ['] vor der betonten Silbe: ['tiːtʃə] und [ə'baʊt].

Beachten Sie bitte auch den [ə]-Laut in **teacher** und **about**. (Er entspricht etwa dem e im deutschen „Gelage".) Der [ə]-Laut (**weak vowel** oder **schwa** genannt) ist der meistverbreitete Laut im Englischen und immer unbetont. Für den natürlichen Rhythmus der Sprache ist es genauso wichtig die unbetonten Silben schwach und flüchtig auszusprechen wie die richtige Silbe zu betonen.

5 Betonung im Satz

Auch ganze Sätze haben ihre Hauptbetonungen.

In dem Satz **I would like a cup of coffee.** werden im gesprochenen Englisch die Wörter **like, cup** und **coffee** betont:
I'd LIKE a CUP of COFfee [aɪd 'laɪk ə 'kʌp əv 'kɒfiː].

Die unbetonten Silben werden dabei

- verkürzt: **I would** ► **I'd**;
- abgeschwächt: **a** [eɪ] ► [ə], **of** [ɒv] ► [əv].

Artikel (**a/the**), Hilfsverben (**be/have/do**), Pronomen (**his/her/them** etc.), Präpositionen (**at/from** etc.) und Konjunktionen (**and/while** etc.) werden in normalen Sätzen **nicht** betont.

Würden Sie alle Silben gleich betonen, klänge Ihr Englisch wie aus einem Sprachcomputer.

6 Tonfall

Englisch hat verschiedene Tonfallmuster, die schwierig zu beschreiben sind. Die Stimme kann hoch oder tief einsetzen, gegen Ende des Satzes rauf- oder runtergehen; auch in der Mitte des Satzes ist ein Auf oder Ab der Stimme möglich. Versuchen Sie die Stimmen auf der Kassette oder die Stimme Ihres Kursleiters / Ihrer Kursleiterin zu imitieren und übertreiben Sie dabei ruhig ein bisschen.

2 Das englische Alphabet

a	[eɪ]	h	[eɪtʃ]	o	[əʊ]	v	[viː]
b	[biː]	i	[aɪ]	p	[piː]	w	['dʌbljuː]
c	[siː]	j	[dʒeɪ]	q	[kjuː]	x	[eks]
d	[diː]	k	[keɪ]	r	[ɑː(r)]	y	[waɪ]
e	[iː]	l	[el]	s	[es]	z	[zed] (GB)
f	[ef]	m	[em]	t	[tiː]	z	[ziː] (US)
g	[dʒiː]	n	[en]	u	[juː]		

3 Zahlen

0	nought, zero[1]		
1	one	1st	first
2	two	2nd	second
3	three	3rd	third
4	four	4th	fourth
5	five	5th	fifth
6	six	6th	sixth
7	seven	7th	seventh
8	eight	8th	eighth

9	nine	9th	ninth
10	ten	10th	tenth
11	eleven	11th	eleventh
12	twelve	12th	twelfth
13	thirteen	13th	thirteenth
14	fourteen	14th	fourteenth
15	fifteen	15th	fifteenth
16	sixteen	16th	sixteenth
17	seventeen	17th	seventeenth
18	eighteen	18th	eighteenth
19	nineteen	19th	nineteenth
20	twenty	20th	twentieth
21	twenty-one	21st	twenty-first
22	twenty-two	22nd	twenty-second
23	twenty-three	23rd	twenty-third
24	twenty-four	24th	twenty-fourth
25	twenty-five	25th	twenty-fifth
26	twenty-six	26th	twenty-sixth
27	twenty-seven	27th	twenty-seventh
28	twenty-eight	28th	twenty-eighth
29	twenty-nine	29th	twenty-ninth
30	thirty	30th	thirtieth
40	forty	40th	fortieth
50	fifty	50th	fiftieth
60	sixty	60th	sixtieth
70	seventy	70th	seventieth
80	eighty	80th	eightieth
90	ninety	90th	ninetieth
100	a/one hundred	100th	one/the hundredth
101	a/one hundred and one[2]	101st	one/the hundred and first
200	two hundred	200th	the two hundredth
1,000	a/one thousand[3]	1,000th	one/the thousandth
1,001	a/one thousand and one	1,001st	one/the thousand and first
1,100	one thousand, one hundred[4]	1,100th	one thousand, one hundredth
10,001	ten thousand and one	10,001st	the ten thousand and first
100,000	a/one hundred thousand	100,000th	one/the hundred thousandth

1 **Nought** sagt man nur im britischen Englisch, **zero** hört man sowohl in Großbritannien wie in den USA.
Die Ziffer 0 wird in längeren Zahlen oft wie der Buchstabe **o** (**oh**) ausgesprochen, z.B. bei

- Telefonnummern: **oh, five, one (051)**;
- Dezimalzahlen: **oh point five (0.5), one point oh five (1.05)**;
- Jahreszahlen: **nineteen oh six (1906)**;
- Zeitangaben (mit der 24-Stunden-Uhr): **twenty-one oh seven (21.07)**;
- mehrstelligen Zahlen: **five oh one (501), double oh seven (007)**.

Beim Sport gibt es spezielle Ausdrücke:
Im Fußball und in den meisten anderen Sportarten verwendet man **nil** oder **nothing**, z.B.:
six nil (6–0) oder **six nothing**.
Beim Tennis sagt man **love: fifteen love (15-0)**.

In der Wissenschaft wird normalerweise **zero** verwendet, z.B.:
zero degrees (0°).

2 Im amerikanischen Englisch kann **and** weggelassen werden:
two hundred and fifty-six (GB) = **two hundred fifty-six** (US).

3 Zahlen mit mehr als drei Stellen werden mit Komma zwischen den Tausendern geschrieben:
2,567 two thousand five hundred and sixty-seven.

Dezimalstellen werden mit **Punkt** (nicht mit Komma) angegeben:
2.5 two point five, 6.43 six point four three.

4 **1,100; 1,200** etc. werden wie im Deutschen oft auch ausgesprochen als:
eleven hundred, twelve hundred etc.

Sieben- und mehrstellige Zahlen drückt man so aus:

- eine Million: **a/one million**;
- eine Milliarde: **a/one thousand million** (GB), **a/one billion** (US);
- eine Billion: **a/one billion** (GB), **a/one trillion** (US).

Beachten Sie bitte: **A/One billion** bedeutet in Großbritannien „eine Billion" und in den USA „eine Milliarde".

4 Gewichte und Maße

Großbritannien und Kanada haben zumindest offiziell auf das Dezimalsystem umgestellt, verwenden also die gleichen Maße wie Deutschland, Österreich und die Schweiz.

1 Gewichte

1 ounce/oz	28.35 g
1 pound/lb (= 16 oz)	453.59 g

Körpergewicht wird in Großbritannien in **stone** angegeben (**1 stone** = **14 lb**), in den USA in **pounds**, z.B.:

7 stone	198 lb	44.44 kg
9 stone	126 lb	57.14 kg
11 stone	154 lb	69.84 kg
13 stone	182 lb	82.54 kg

2 Hohlmaße

Flüssigkeiten werden in Großbritannien und in den USA immer noch in **fluid ounces, pints, quarts** und **gallons** gemessen, aber aufgepasst auf die Mengenunterschiede:

	GB	US
1 fluid ounce / fl.oz	0.028 l	0.0271 l
1 pint/pt	0.568 l (= 20 fl.oz)	0.4731 l (= 16 fl.oz)
1 quart	1.41 l	0.95 l (= 2 pt)
1 gallon	4.44 l	3.78 l (= 8 pt)

In den USA wird Benzin (**gas**) in **gallons** verkauft, in Großbritannien (**petrol**) in Litern, obwohl sich die Leute **gallons** noch nicht abgewöhnt haben. Milch und Bier werden in Großbritannien per **pints/half-pints** verkauft, in den USA per **gallons/half-gallons/quarts**.

3 Längenmaße

1 inch/in/ "	2.54 cm
1 foot/ft/ " (= 12 ")	30.48 cm
1 yard/yd/' (= 3')	91.44 cm
1 mile (= 1760 yd)	1.6 km

In Großbritannien und in den USA werden immer noch Meilen (**miles**) für Entfernungen und Geschwindigkeiten verwendet, z.B. **30 mph (miles per hour)** = 50 km/h, **70 mph** = 112 km/h. Länge wird in **yards** gemessen, Höhe dagegen in **feet**.
(**The Matterhorn is 13,650 feet high.**)

4 Geld

GB	US
1p [pi:] = 1 penny;	$1 (one dollar) = 100 cents
5p [pi:] = 5 pence = £ 0.05;	*informal*: dime = 10 cents
£ 1 (one pound) = 100 pence	(= $ 0.10)
informal: one quid / two quid ...	quarter = 25 cents (= $ 0.25)
(= £1, £2 ...), fiver (= £5)	buck = dollar (eg: 4 bucks = $ 4)

5 Britisches und amerikanisches Englisch

Die Unterschiede zwischen britischem und amerikanischem Englisch sind nicht so groß wie häufig angenommen wird. Wir beziehen uns in **euro**lingua auf das in Großbritannien bzw. in den Vereinigten Staaten allgemein anerkannte Standard-Englisch. Es gibt aber in allen englischsprachigen Ländern regionale Eigenheiten.

1 Aussprache

Die Hauptunterschiede in der Aussprache des britischen und amerikanischen Standard-Englisch sind auf Seite 186 beschrieben. Daneben gibt es eine Fülle verschiedener Akzente innerhalb Großbritanniens und Amerikas.

2 Wortschatz

Es gibt eine Reihe Wörter, die in Amerika eine andere Bedeutung haben als in Großbritannien, oder die nur in einem der beiden Sprachgebiete gebraucht werden. Die meisten davon sind Ausdrücke des täglichen Lebens, z.B.:

1 Essen

GB	US
biscuit	cookie
chips	french fries
corn	grain
crisps	potato chips
grilled	broiled
maize	corn
sweets	candy
tin/can	can

2 Haus

GB	US
dustbin	garbage can
flat	apartment
ground floor	first floor
lift	elevator
public toilet(s)	restroom
tap	faucet
toilet	bathroom
wardrobe	closet
wash-basin	sink

3 Auto/Verkehr

GB	US
boot	trunk
car	car/automobile
car park	parking lot
crossing	crosswalk
change gears	shift
lorry	truck
motorway	(interstate) high-way / freeway/ expressway/ turnpike
windscreen	windshield
bonnet	hood
bumper	fender
petrol	gas/gasoline
petrol station / filling station / service station	gas station
railway	railroad
underground (railway)	subway
pavement	sidewalk
public transport	public transportation
(öffentliche Verkehrsmittel)	
tram	streetcar / trolley car

4 Weitere Alltagswörter

GB	US
autumn	fall/autumn
bill (Rechnung)	check
chemist's	drugstore
cinema	movie theater
film	movie
garden	yard/garden
handbag	purse/handbag/ pocketbook
holiday(s)	vacation
mark (Schulnote)	grade
nappy	diaper
(bank) note	bill
post a letter	mail/post a letter
postman	mailman/ postman
purse	wallet
rubbish	garbage
shop	store/shop
trousers	pants
wallet	bill-fold
zed (= the letter Z)	zee

3 Grammatik

Es gibt nur wenige grammatikalische Unterschiede zwischen dem britischen und amerikanischen Standard-Englisch. Einige Beispiele:

1 Der Gebrauch von **have you got?** in Großbritannien anstelle von **do you have?** in den USA.

2 Der Gebrauch des past simple anstelle des present perfect simple im Zusammenhang mit Wörtern wie **just, already** und **yet** im amerikanischen Englisch:

Have you done your homework yet? (GB) = Did you do your homework yet? (US)

He has just left. (GB) = He just left. (US)
I have already sent the letter. (GB) = I already sent the letter. (US)

3 Der Gebrauch von Präpositionen und Artikel:

at the weekend, at weekends (GB) = on the weekend, on weekends (US)
in the street (GB) = on the street (US)
look/jump out of the window (GB) = look/jump out the window (US)
be in hospital (GB) = be in the hospital (US)
go to university (GB) = go to the university (US)

4 Das *past participle* von get:

The situation has got better. (GB) = The situation has gotten better. (US)

5 Einige Verben, die im amerikanischen Englisch regelmäßig, im britischen Englisch dagegen meistens als unregelmäßige Verben gebraucht werden:

	GB/US	GB/US
learn	learnt/learned	learnt/learned
dream	dreamt/dreamed	dreamt/dreamed
burn	burnt/burned	burnt/burned

Diese grammatikalischen Unterschiede zwischen britischem und amerikanischem Englisch bilden aber kein Hindernis für die gegenseitige Verständigung.

4 Rechtschreibung

Es gibt einige unterschiedliche Schreibregeln:

1 Wörter, die auf -our (GB) enden, werden -or (US) geschrieben:

colour/color, labour/labor, harbour/harbor, neighbour/neighbor, flavour/flavor

2 Wörter, die auf -re (GB) enden, werden -er (US) geschrieben:

centre/center, theatre/theater, litre/liter

3 Im britischen Englisch wird bei Verben, die auf -l enden, dieses -l vor -ing, -ed und -er immer verdoppelt, im amerikanischen Englisch nur, wenn die Schlusssilbe betont ist:

GB	US
travel: travelling/traveller/ travelled	travel: traveling/traveler/ traveled

	aber:
compel/compelling	compel/compelling
excel/excelled	excel/excelled

4 Im britischen Englisch können Wörter wie **organize** mit s oder z geschrieben werden (**organise/organize**), im amerikanischen Englisch werden sie nur mit z geschrieben (**organize**).

5 Soziokulturelle Unterschiede

Es gibt große Unterschiede in Lebensweise und Gewohnheiten zwischen Großbritannien (einem europäischen Land) und dem nordamerikanischen Kontinent (USA und Kanada). Das zeigt sich auch in der Sprache.

6 Unregelmäßige Verben

Infinitive	*Past simple*	*Past participle*	
be [iː]	was [ɒ]	been [iː]	sein
bear [eə]	bore [ɔː]	borne/born [ɔː]	(er)tragen, gebären
beat [iː]	beat [iː]	beaten [iː]	schlagen
become [ʌ]	became [eɪ]	become [ʌ]	werden
begin [ɪ]	began [æ]	begun [ʌ]	anfangen
bend [e]	bent [e]	bent	beugen, biegen
bet [e]	bet [e] / betted	bet/betted	wetten
bite [aɪ]	bit [ɪ]	bitten [ɪ] / bit	beißen
bleed [iː]	bled [e]	bled	bluten
blow [əʊ]	blew [uː]	blown [əʊ]	wehen, blasen
break [eɪ]	broke [əʊ]	broken [əʊ]	(zer)brechen
bring [ɪ]	brought [ɔː]	brought	bringen
build [ɪ]	built [ɪ]	built	bauen
burn [ɜː]	burnt [ɜː] / burned	burnt/burned	(ver)brennen
burst [ɜː]	burst [ɜː]	burst	platzen
buy [aɪ]	bought [ɔː]	bought	kaufen
can [æ]	could [ʊ]	–	können
catch [æ]	caught [ɔː]	caught	fangen
choose [uː]	chose [əʊ]	chosen [əʊ]	(aus)wählen
come [ʌ]	came [eɪ]	come [ʌ]	kommen
cost [ɒ]	cost [ɒ]	cost	kosten
cut [ʌ]	cut [ʌ]	cut	schneiden
deal [iː]	dealt [e]	dealt	handeln (von), sich befassen (mit)
dig [ɪ]	dug [ʌ]	dug	graben
do [uː]	did [ɪ]	done [ʌ]	tun

Infinitive	*Past simple*	*Past participle*	
draw [ɔː]	drew [uː]	drawn [ɔː]	zeichnen, ziehen
dream [iː]	dreamt [e] / dreamed [iː]	dreamt/dreamed	träumen
drink [ɪ]	drank [æ]	drunk [ʌ]	trinken
drive [aɪ]	drove [əʊ]	driven [ɪ]	fahren
eat [iː]	ate [eɪ]	eaten [iː]	essen
fall [ɔː]	fell [e]	fallen [ɔː]	fallen
feed [iː]	fed [e]	fed	füttern
feel [iː]	felt [e]	felt	(sich) fühlen, sich anfühlen
fight [aɪ]	fought [ɔː]	fought	kämpfen
find [aɪ]	found [aʊ]	found	finden
flee [iː]	fled [e]	fled	fliehen
fly [aɪ]	flew [uː]	flown [əʊ]	fliegen
forbid [ɪ]	forbad(e) [æ]	forbidden [ɪ]	verbieten
forget [e]	forgot [ɒ] (GB), [ɑː] (US)	forgotten [ɒ] (GB), [ɑː] (US)	vergessen
forgive [ɪ]	forgave [eɪ]	forgiven [ɪ]	vergeben, verzeihen
freeze [iː]	froze [əʊ]	frozen [əʊ]	ge-/einfrieren, erfrieren
get [e]	got [ɒ] (GB), [ɑː] (US)	got (GB/US) / gotten [ɑː] (US)	bekommen, werden, holen
give [ɪ]	gave [eɪ]	given [ɪ]	geben
go [əʊ]	went [e]	gone [ɒ]	gehen, fahren
grow [əʊ]	grew [uː]	grown [əʊ]	wachsen, anbauen
hang [æ]	hung [ʌ] / hanged [æ]	hung/ hanged	(auf)hängen, erhängen
have [æ]	had [æ]	had	haben
hear [ɪə]	heard [ɜː]	heard	hören
hide [aɪ]	hid [ɪ]	hidden [ɪ]	(sich) verstecken
hit [ɪ]	hit [ɪ]	hit	schlagen, treffen
hold [əʊ]	held [e]	held	halten
hurt [ɜː]	hurt [ɜː]	hurt	verletzen, wehtun
keep [iː]	kept [e]	kept	(be)halten, aufbewahren, weitermachen
know [əʊ]	knew [juː]	known [əʊ]	wissen, kennen
lay [eɪ]	laid [eɪ]	laid	legen, (Tisch) decken
lead [iː]	led [e]	led	führen, leiten
lean [iː]	leant [e] / leaned [iː]	leant/leaned	lehnen

Infinitive	*Past simple*	*Past participle*	
learn [ɜː]	learnt [ɜː] / learned [ɜː]	learnt/learned	lernen, erfahren
leave [iː]	left [e]	left	(zurück-/ver)lassen, weggehen
lend [e]	lent [e]	lent	leihen
let [e]	let [e]	let	lassen
lie [aɪ]	lay [eɪ]	lain [eɪ]	liegen
light [aɪ]	lit [ɪ] / lighted [aɪ]	lit/lighted	anzünden, erleuchten
lose [uː]	lost [ɒ]	lost	verlieren
make [eɪ]	made [eɪ]	made	machen
mean [iː]	meant [e]	meant	meinen, bedeuten
meet [iː]	met [e]	met	(sich) treffen, kennen lernen
pay [eɪ]	paid [eɪ]	paid	(be)zahlen
put [ʊ]	put [ʊ]	put	legen, setzen, stellen
read [iː]	read [e]	read [e]	lesen
ride [aɪ]	rode [əʊ]	ridden [ɪ]	reiten, fahren
ring [ɪ]	rang [æ]	rung [ʌ]	läuten, anrufen
rise [aɪ]	rose [əʊ]	risen [ɪ]	aufstehen, aufgehen
run [ʌ]	ran [æ]	run [ʌ]	rennen, laufen
say [eɪ]	said [e]	said	sagen
see [iː]	saw [ɔː]	seen [iː]	sehen
sell [e]	sold [əʊ]	sold	verkaufen
send [e]	sent [e]	sent	schicken
set [e]	set [e]	set	setzen, stellen
sew [əʊ]	sewed [əʊ]	sewn [əʊ]	nähen
shake [eɪ]	shook [ʊ]	shaken [eɪ]	schütteln
shine [aɪ]	shone [ɒ] (GB), [əʊ] (US)	shone	scheinen, glänzen
shoot [uː]	shot [ɑ]	shot	(er)schießen
show [əʊ]	showed [əʊ]	shown [əʊ] / showed	zeigen
shut [ʌ]	shut [ʌ]	shut	zumachen, schließen
sing [ɪ]	sang [æ]	sung [ʌ]	singen
sink [ɪ]	sank [æ]	sunk [ʌ]	sinken, versenken
sit [ɪ]	sat [æ]	sat	sitzen, sich setzen
sleep [iː]	slept [e]	slept	schlafen
slide [aɪ]	slid [ɪ]	slid	gleiten
smell [e]	smelt [e] / smelled [e]	smelt/smelled	riechen
speak [iː]	spoke [əʊ]	spoken [əʊ]	sprechen

Infinitive	*Past simple*	*Past participle*	
speed [iː]	sped [e] / speeded [iː]	sped/speeded	schnell fahren, sich beeilen
spell [e]	spelt [e] / spelled [e]	spelt/spelled	buchstabieren
spend [e]	spent [e]	spent	verbringen, ausgeben
spill [ɪ]	spilt [ɪ] / spilled [ɪ]	spilt/spilled	verschütten
spoil [ɔɪ]	spoilt [ɔɪ] / spoiled [ɔɪ]	spoilt/spoiled	verderben
spread [e]	spread [e]	spread	(sich) aus-/verbreiten
spring [ɪ]	sprang [æ]	sprung [ʌ]	springen
stand [æ]	stood [ʊ]	stood	stehen
steal [iː]	stole [əʊ]	stolen [əʊ]	stehlen
stick [ɪ]	stuck [ʌ]	stuck	(an)stecken, (an)kleben
sting [ɪ]	stung [ʌ]	stung	stechen
stink [ɪ]	stank [æ] / stunk [ʌ]	stunk	stinken
strike [aɪ]	struck [ʌ]	struck	stoßen, schlagen
swear [eɔ]	swore [ɔː]	sworn [ɔː]	schwören, fluchen
sweep [iː]	swept [e]	swept	fegen, kehren
swim [ɪ]	swam [æ]	swum [ʌ]	schwimmen
swing [ɪ]	swung [ʌ]	swung	schwingen, schwenken
take [eɪ]	took [ʊ]	taken [eɪ]	nehmen, bringen
teach [iː]	taught [ɔː]	taught	lehren, unterrichten
tear [eə]	tore [ɔː]	torn [ɔː]	zerreißen
tell [e]	told [əʊ]	told	erzählen, sagen
think [ɪ]	thought [ɔː]	thought	denken, glauben
throw [əʊ]	threw [uː]	thrown [əʊ]	werfen
understand [æ]	understood [ʊ]	understood	verstehen
upset [e]	upset [e]	upset	umstoßen, aus der Fassung bringen
wake [eɪ]	woke [əʊ] / waked [eɪ]	woken [əʊ] / waked	(auf)wecken, aufwachen
wear [eə]	wore [ɔː]	worn [ɔː]	(Kleider) tragen, abnutzen
weep [iː]	wept [e]	wept	weinen
win [ɪ]	won [ʌ]	won	gewinnen
wind [aɪ]	wound [aʊ]	wound	winden, (Uhr) aufziehen
write [aɪ]	wrote [əʊ]	written [ɪ]	schreiben

Stichwortregister

Die Zahlen bezeichnen die Seitenzahlen.

A

a lot (of) 116
a/an 89
Adjektiv anstelle von Adverb 126
Adjektive/*adjectives:*
  Stellung und Form 94
Adjektive: Steigerung 95
adverbiale Bestimmungen/ *adverbials*
  10, 120, 127, 128
Adverbien/*adverbs* 120
Adverbien: Steigerung 126
Aktiv und Passiv: Übersicht über die
  Zeitformen 70
all 118
Alphabet 188
amerikanisches Englisch 186, 192
any und Zusammensetzungen 112
Artikel/*articles* 89
Aufforderungssätze 158
Aussagesätze 154
Aussprache 185
auxiliaries 12

B

be able to 53, 55
be allowed to 57
Bedingungssätze 173
bestimmter Artikel 89, 91, 93
Betonung 187
both 119
britisches/amerikanisches Englisch 192

C

can 53
commands 158
comparative 95,126
conditional sentences 173
conjunctions 136
contact clauses 162, 163
could 53
countable nouns 84

D

defining relative clauses 160
definite article 89, 91, 93
direktes Objekt/*direct object* 10

E

each 118
each other 106
Eigennamen 84, 93
either ... or 136
either: not ... either 119, 181
every und Zusammensetzungen 118

F

Frageanhängsel 180
Fragesätze 155
Fragewörter 132
future continuous 47
future perfect 48

G

Gegenwart und Vergangenheit: Übersicht
  über die Zeitformen 42
Geld 192
Genitiv mit *s* 87
Gerundium/*gerund* 76, 77
Gewichte 191
going to-future 45

H

had better 65
have/get something done 70
have got to 58
have to 58
Hilfsverben 12
how 133
how about 135

I

if-Sätze/*if-clauses* 173
imperatives 158
indefinite article 89
indirekte Rede 165
indirektes Objekt/*indirect object* 10
Infinitiv/*infinitive* 13
Infinitiv mit *to* 73
Infinitiv ohne *to* 72
Interrogativpronomen 132
Intonation 185
irregular verbs 14
irregular verbs: Übersicht 195

K

Komparativ 95, 126
Konjunktionen/*conjunctions* 136
Kurzsätze 178
Kurzsätze des Vergleichs mit *so/nor/neither/not ... either/too* 181

L

Laute 185, 186
lots of 116

M

main verbs 12
man 102
many 116
Maße 291
may 56
Mengenangaben mit *of* 86
Mengenbezeichnungen 111
might 56
Modalverben/*modal verbs* 13, 50
much 116
must 58
must not 60

N

need to 58
neither 119, 181
neither ... nor 136
nichtnotwendige Relativsätze 160, 164
no und Zusammensetzungen 115
Nomen/*noun* 83, 92
non-defining relative clauses 160, 164
none 119
nor 181
notwendige Relativsätze 160

O

Objekte/*objects* 9, 10
Objektpronomen/*object pronouns* 100, 103
of-Fügung/*of-phrase* 87
one another 106
one/ones 110
ought to 64

P

Passiv/*passive* 66
Passiv: Übersicht über die Zeitformen 70
past continuous 35
past continuous und *past simple* im Vergleich 37
past perfect simple 40
past simple 25
Personalpronomen/*personal pronouns* 100

Personenformen bei Verben 14
phrasal verbs 81
Plural der Nomen 84
Possessivbegleiter / *possessive adjectives* 106
Possessivpronomen / *possessive pronouns* 106
Präpositionen / *prepositions* 140
Präpositionen im Fragesatz 82
Präpositionen im Relativsatz 163
present continuous 19, 44
present perfect continuous 38
present perfect simple 30
present perfect simple und *past simple* im Vergleich 34
present perfect simple und *present perfect continuous* im Vergleich 39
present simple 16, 46
present simple und *present continuous* im Vergleich 22
Pronomen / *pronouns* 99
proper nouns 84

Q

question tags 180
question words 132
questions 155

R

Reflexivpronomen / *reflexive pronouns* 104
regelmäßige Verben / *regular verbs* 14
Relativpronomen / *relative pronouns* 160
Relativsätze / *relative clauses* 159
reported speech 165

S

s-Genitiv / *s-genitive* 87
Satzarten 153
Satzgefüge 159
shall 61
should 64
so 181
some und Zusammensetzungen 112
statements 154
Subjekt / *subject* 9
Subjektpronomen / *subject pronouns* 100
Superlativ / *superlative* 95, 126

T

tenses 15
that 109
the 84, 91
these 109
this 109
those 109
Tonfall 188

U

unbestimmter Artikel 89
uncountable nouns 84
unless 178
unregelmäßige Verben 14
unregelmäßige Verben: Übersicht 195
unzählbare Nomen 84
used to 66

V

Verben ohne Verlaufsform 23
Verben / *verbs* 9, 11
Vergangenheit: Übersicht über die Zeitformen 42
Vergleiche 181
Verneinte Aussagesätze 154
Vollverben 12

W

what ... like 135
what about 135
what 133, 135
when als Fragewort 133
when als Konjunktion 37
when als Relativpronomen 163
where als Fragewort 133
where als Relativpronomen 163
which als Relativpronomen 161
which/what als Fragewort 135
who als Fragewort 133
who als Relativpronomen 161
whom als Fragewort 133
whom als Relativpronomen 162
whose als Fragewort 135
whose als Relativpronomen 163
why 133
Widersprechen 182
will 61
will-future 43
Wortstellung 128, 154, 156
would 63
would rather 65

Z

zählbare Nomen 84
Zahlen 188
Zeitformen 15
Zukunft mit *be going to* 45
Zukunft mit *present continuous* 44
Zukunft mit *present simple* 46
Zukunft mit *will* 43
Zukunft: Übersicht über die Zeitformen 49
Zustimmen 182